JUVENTUD EN EXTASIS 2

D0089503

CARLOS CUAUHTÉMOC SÁNCHEZ

JUVENTUD EN ÉXTASIS 2

CURSO DEFINITIVO
SOBRE CONDUCTA SEXUAL

Ediciones Selectas Diamante, S.A. de C.V.
Libros que transforman vidas

JUVENTUD EN ÉXTASIS 2

Derechos Reservados:
©1997 Carlos Cuauhtémoc Sánchez.
©1997 Ediciones Selectas Diamante S. A. de C. V.
Libros que transforman vidas.
Convento de San Bernardo núm. 7, Jardines de Santa Mónica,
Tlalnepantla, Estado de México, Ciudad de México.
Tels. y fax: (5) 3-97-79-67, 3-97-31-32, 3-97-60-20, 3-97-59-21
E-mail: diamante@data.net.mx
Miembro de la Cámara de la Industria Editorial Mexicana núm. 2778

ISBN: 968-7277-17-2

<u>**IMPORTANTE:**</u>
**En la portada de todos los libros *Juventud en éxtasis 2*, debe estar el
holograma de autenticidad, plateado, tridimensional, con la figura de
un diamante, exclusivo de los libros originales. Si este volumen u
otro no lo tiene, favor de dar aviso a la P. G. R. o a Ediciones
Selectas Diamante, reportando el lugar en donde lo adquirió.**

IMPRESO EN MEXICO
PRINTED IN MEXICO

Dirección Editorial: Lic. Rosa Elena Gutiérrez
Coordinación Editorial: F. Javier Gil
Composición Tipográfica: Ex Libris Servicios Editoriales
Diseño de cubierta: J. Jorge Sánchez Noguéz y Miguel Morett
Colaboraciones: María Ivonne Herrera, Lilia del Carmen Gómez, José Luis
    Rodríguez, Dr. Emilio Aparicio, Mauricio Herrera
Ilustración de portada: Gustav Klint, *The Kiss*.1907/08. Detalle.
    Vienna, Österreichische Galerie.
Esta obra se terminó de imprimir en mayo de 1999
    en los talleres de Imprentor, S.A. de C.V.
    Eje 1 Pte. México Coyoacan 321 Col. Xoco
        C. P. 03330, México, D.F.
La edición consta de 50,000 ejemplares.

Juntos aprendimos a vivir, crecimos como cómplices y amigos incondicionales. Pilar, Liliana y Cuauhtémoc: doy gracias infinitas a Dios por habernos hecho hermanos.

Contenido

Era una tarde como otra cualquiera. El coche de mi hija Citlalli estaba descompuesto, así que me retiré de mi negocio temprano para pasar a recogerla a la universidad. Estacioné el auto cerca y, mientras esperaba, observé la salida de los alumnos.

A unos metros de distancia vi dos hermosas chicas de diecinueve o veinte años de edad. En el barullo, con cientos de jóvenes colmando la acera, no me di cuenta del momento en que llegó la motocicleta. De pronto ahí estaba. Un tipo de aspecto liberal abordaba a las muchachas. Ellas se acercaron desenvueltas, atraídas por la apostura del galán y la belleza de la moto. Después de treinta minutos, la calle se quedó solitaria excepto por un par de vendedores ambulantes y el trío que aparentemente había entablado una gran amistad. Riendo, las muchachas se habían subido a la motocicleta para jugar con el manubrio; el cortejador les enseñaba cómo conducir.

Citlalli apareció. Toqué el claxon y la saludé con la mano. Cruzó la calle con paso elegante y seguro. Se parecía mucho a Dhamar cuando tenía su edad.

—Hola, papá —besó mi mejilla al subir al auto.

—Hola, amor. Tardaste en salir.

—Sí. Discúlpame. Estuve charlando con la directora. Leyó *nuestro libro* y le impresionó mucho. Quería preguntarme algunas cosas. Saber si era cierto lo de mi abuelo Asaf, la forma en que conociste a mi madre, lo de la tía Joana. Estaba conmovida.

—Vaya. No tienes mucha privacidad desde que se publicó esa historia.

—La verdad, no.

Arranqué y comencé a conducir muy despacio camino a casa. Tomé el carril lateral del Periférico.

Repentinamente la motocicleta nos rebasó a toda velocidad. Sobre ella, apretujados, el galán y las dos jovencitas.

—¡Mira! —le dije a Citlalli—. Esos chicos acaban de conocerse y ahora van a dar un paseo al estilo *club sándwich*.

El tráfico estaba casi detenido por completo unos metros adelante y sin querer les dimos alcance.

—¡Son compañeras de mi salón! —comentó asombrada.

—¿Y el muchacho?

—Nunca lo había visto.

Los autos comenzaron a avanzar, el motociclista se abrió paso. Lo seguimos con la mirada y vimos que repentinamente disminuyó su velocidad para doblar a la derecha en la entrada de un motel.

Tardé varios segundos en asimilar el cuadro. Avancé muy despacio sin poder ocultar el asombro. Mi hija bajó la cabeza avergonzada.

—¿Dices que son compañeras tuyas?

Asintió. Me quedé callado. Era evidente que habían subido voluntariamente a la motocicleta, pero, ¿habrían estado de acuerdo en ir a un hotel? Tomé la siguiente salida para regresar.

—¿Qué haces, papá?

—Tal vez el tipo las llevó a ese sitio sin su consentimiento. Sólo quiero cerciorarme de que están bien.

—Así son algunas chicas de la facultad... —murmuró apenada—. Es posible, incluso, que ellas llevaran la iniciativa.

Pasamos nuevamente muy despacio frente al lugar. En el coche, el ambiente era tenso. Me entristeció darme cuenta de mi ingenuidad al creer que mi hija se mantendría siempre lejos de ese medio. No me asustaba, pero tal parecía que de nada sirvió haberme esforzado por procurarle los mejores ambientes y colegios.

—¿Sabes? —comenté—, hicimos bien en imprimir algunas copias de *nuestro libro*. Al principio dudé. Ahora creo que todos los estudiantes deben leerlo.

Asintió sin levantar la vista.

—De hecho lo hacen, pero...

—¿Pero...?

—*Juventud* es una obra literaria. Lo medular en ella es la novela. Los conceptos se subordinan a la historia y eso provoca que algunos malinterpreten el mensaje. Lo atacan tomando frases fuera de contexto sin considerar que los personajes viven un proceso de cambio.

Su voz sonaba afligida. Hablaba de literatura pero en realidad parecía querer hablar de otra cosa.

—¿Qué sugieres?

—Papá, ayúdame a estudiar tu libro. Me lo diste cuando tenía quince años y tal vez he pasado por alto muchas cosas —bajó la voz con angustia—. ¿Cómo te explicaré? Yo... Te quiero mucho... Me siento muy honrada de que hayas escrito todo eso para mí, pero... —hizo una pausa; la voz le falseó un poco—. Pero tengo miedo de decepcionarte.

—A ver —orillé el automóvil y me detuve—. ¿De qué se trata todo esto? Háblame claro.

Los ojos de mi hija se llenaron de lágrimas. Permaneció callada. Tomé su mano.

Ella había terminado un largo noviazgo pocos días atrás.

—¿Tú crees...? —comenzó a preguntar titubeando—, ¿crees... que una mujer ya no vale nada cuando pierde la virginidad?

No supe qué contestar. Era una joven delgada y bella. Excelente deportista. Se veía cohibida y seria. Ella no era así.

—¿Por qué la pregunta?

—No... Por nada... Simple curiosidad.

Tragué saliva.

—¿Por qué terminaste con tu novio?

—Bueno... en realidad dejé de interesarle... Creo que yo tuve la culpa. Papá —cambió ágilmente el tema—, ¡ve con la directora de la facultad y pídele autorización para impartir un curso a los estudiantes...! Si resumieras y organizaras los conceptos de *Juventud*, podrías preparar un ciclo de conferencias o un seminario.

Asentí sin entender por completo hacia dónde se dirigía. Seguí su juego:

—En *nuestro libro* hay elementos suficientes para que los jóvenes decidan bien —le dije—. Sólo necesitan estudiarlo y enriquecerlo un poco por sí mismos.

—Es verdad, pero pocos lo hacen. Y quienes lo hacemos necesitamos profundizar en los temas. *Yo en lo personal* lo necesito. También mis compañeros. ¡Somos estudiantes del segundo año de medicina!, pero, ¿sabías que Sonia, una de las chicas que vimos en la motocicleta, ya estuvo embarazada una vez y abortó...? ¿Sabías que proviene de una familia superrreligiosa? ¿Sabías que el hijo de la directora estudia en mi grupo y posee la más sucia colección de pornografía que puedas imaginar? ¿Sabías que en la universidad hubo, hace poco, una epidemia de blenorragia? Papá, ¡entre compañeros se recetaban los antibióticos como si se tratara de una simple gripe!

—A ver, aclárame las cosas. ¿Por qué dices que *tú en lo personal* necesitas un seminario sobre el libro? ¿Por qué preguntaste si una mujer ya no vale nada cuando pierde la virginidad? ¿Por qué supones que dejaste de interesarle a Juan Carlos y que la culpa fue tuya?

—Sólo trataba de conversar sobre *algo*...

Me desesperé:

—¿Sobre *algo*? ¿Y por qué no escogiste otro tema? Hija, me preocupas. Si estás mortificada, dímelo. Dame la oportunidad de ayudarte.

—No, papá —mantuvo la mirada en el suelo—, no es nada importante.

Suspiré y sentí un nudo en la garganta. Eché a andar el auto nuevamente y conduje muy despacio hasta la casa.

Dhamar salió a recibirnos. Nos saludó cariñosamente y notó de inmediato que algo andaba mal con nuestra hija. Citlalli se dirigió a grandes pasos a su habitación.

—¿Qué le pasa?

—No lo sé.

—Voy a hablar con ella.

Se encerró con su hija a conversar. Yo estaba preocupado. Era obvio que Citlalli enfrentaba algún problema relacionado con su sexualidad y que no me tenía la confianza para compartírmelo. Después de esperar más de una hora sentí coraje conmigo mismo. Había dedicado muchos años al estudio de la conducta humana y a la capacitación, pero ahora me faltaba lo más elemental: comunicación con mi propia hija... Siempre me había costado trabajo acercarme a ella. Desde que era una bebé, los cánones establecidos me obligaron a hacerme a un lado.

Fui a mi archivo y busqué una hoja que redacté para Citlalli a los pocos días de su nacimiento. La leí temblando. Escribí al final una sola frase. Después toqué la puerta de su habitación. Dhamar abrió.

—Ya conocen esta carta —les dije—. Léanla de nuevo. Estoy aquí fuera esperando.

La frase que garabateé en la hoja decía:
"Por favor, déjenme participar."

Hija:
 Eres un bebé, un bebé muy pequeño. Tienes apenas diez días de nacida y fuiste prematura, así que eres más pequeña que los bebés normales, pero yo sé que crecerás y serás el mayor orgullo de mi vida.
 Estoy a solas contigo en mi habitación. No lo sabes, pero estoy aquí, atento a cada movimiento tuyo.
 Quiero escribirte porque de algún modo tengo que desahogarme de esta emoción tan fuerte que últimamente he sentido que me daña.
 A veces te hablo, te digo con reservas todo lo que te amo. La euforia me inunda y entonces bajo la cabeza para besar tus piecitos y mirarte largamente.
 No lo hago muy seguido porque casi no tengo la oportunidad de estar solo contigo. Apenas me encierro para disfrutarte, entra mi esposa o mi suegra y comienzan a hablarte como si fueras tonta y a hacerte ruiditos nasales o cantos absurdos. No sé por qué me molesta tanto que te traten así. A veces me da la impresión de que las visitas te miran como un juguete con vida, motivo de festejos y juegos. Mi cielo, ¡siento tantos celos de la gente que viene a verte, que te habla boberías, que te da de comer y que me aparta como si fuera el hombre inútil que no sabe cómo tratar a un bebé!
 Citlalli, cuando te vi por primera vez sentí miedo, sentí la obligación de trabajar más fuerte, de esforzarme para darte lo mejor. Ahora, todo lo que pienso, hago y digo las veinticuatro horas del día, bien o mal, es para ti. Quiero decirte que has cambiado mi vida, que te esperé siempre, que soy el hombre más feliz de la Tierra porque estás aquí, conmigo, en esta habitación. Mi vida, que no me importa que sean las dos de la madrugada, te disfruto y te gozo aun dormida. Por primera vez siento la extraordinaria bendición de ser padre...

A los pocos minutos salió Dhamar. Me encontró sentado en la cocina.
 —Citlalli quiere hablar contigo.
 —¿Está bien?

—Cerciórate tú mismo...

Entré a la habitación de mi hija y, apenas me vio, se echó en mis brazos llorando.

—Papá, perdóname...

—¿Qué pasa?

Se separó.

—Por las noches miro el libro que escribiste y siento que se burla de mí. Tú sabes que Juan Carlos y yo teníamos planes de casarnos... Él era detallista y romántico... hasta que... —se detuvo.

—¿Tuviste relaciones sexuales con él?

El cuestionamiento fue tan conciso que no pudo eludirlo.

—Sí...

Mi sistema nervioso se desconectó por unos segundos y sentí que el tiempo se detenía.

En mi juventud yo también fui un donjuán. Seduje a varias chicas de la edad de mi hija, semejantes en muchos aspectos a ella. Todo se veía tan diferente desde este lado... Antaño como un conquistador, ahora como el padre de una joven conquistada.

—Sólo lo he hecho una vez —su tono era casi inaudible—. No creas que soy como mis compañeras de la motocicleta. No soy como ellas, papá... pero tampoco soy como a ti te gustaría.

Sus palabras mostraban una angustia legítima. Parecía que, lejos de fortalecida, se sentía aplastada por la carga de ser mi hija. Por mi parte, me hallaba como si algo hubiera estallado por dentro, mi alma estaba hecha pedazos, mil dagas se habían clavado en lo más profundo de mi ser, al ver a mi pequeña sufriendo por el engaño de un rufián y al saberla angustiada por haber cometido el error de entregarse a destiempo. Le extendí un pañuelo para que limpiara sus lágrimas. ¿Quién me pasaba a mí otro pañuelo?

—Citlalli... lo... —se me trabó la lengua—, lo que acabas de decir me produce un gran pesar.

—Fue un acto consciente. Lo hice por amor... Yo deseaba ser la esposa de Juan Carlos.

—Pero él deseaba sólo tu cuerpo.

—¿Por qué? ¿Por qué los hombres son así?

Nunca me agradó la idea de que saliera con un chico diez años mayor. Parecía un joven serio... Piloto aviador, ingeniero titulado. Un partido envidiable. Dicen que los caballos más mansos son los que dan el peor golpe, por la confianza que inspiran. Lo mismo ocurre con los seres humanos.

—En el libro te escribí que si llegabas a tener relaciones sexuales antes de casarte, yo... —aclaré la garganta para que la voz no falseara—, te querría siempre igual; que respetaría tus decisiones sin importar que estuviera o no de acuerdo con ellas...

—Sé el párrafo de memoria: *"Pero si eliges entregar tu cuerpo hazlo con el conocimiento de lo amargo que vendrá y no sólo de lo dulce del presente"*.

La tomé de los hombros. Por algunos segundos no hablamos.

—Te amo, hija.

—¿Todavía?

—Por supuesto...

Nos abrazamos muy fuerte.

El huracán llegó con esa tromba inesperada.

Ignoraba que era sólo el comienzo. Conforme los vientos arreciaran habría angustia, violencia, heridos y ahogados.

Una aventura que ni mi hija, mi esposa o yo podríamos olvidar jamás.

Al día siguiente, mientras intentaba concentrarme en el trabajo de la oficina, llegó la siguiente embestida del tifón.

Mi secretaria llamó por el intercomunicador con voz tensa:

—Señor Alvear, le llama su hija por teléfono.

—¿Es urgente?

—Sí, eso parece.

Apreté el botón de la línea.

—¿Citlalli?

—Qué bueno que te encontré. Papá, necesito que vengas a la escuela.

—¿De qué se trata?

—Por teléfono no puedo explicártelo. Es importante que vengas. Pero tranquilo. *Todos estamos bien*.

La última frase me hizo saltar. ¿Estaban bien? ¿De qué?

—Voy para allá.

—Búscame en la cafetería. Entra por la puerta de atrás.

Me disculpé con los clientes que tenía enfrente, le pedí al subgerente que los atendiera, busqué las llaves nerviosamente y salí corriendo. Mi mente imaginaba mil posibilidades. Citlalli no me hubiera llamado de no ocurrir algo grave. Tal vez un asalto, un incendio, un derrumbe...

Manejé con rapidez. Al llegar a la universidad me di cuenta de que mis sospechas eran reales. Dos pipas de bomberos estaban frente al edificio. Varios policías desviaban el tráfico. Los autos avanzaban lentamente. Después de unos minutos eternos, logré hallar dónde estacionarme, bajé del coche a toda prisa y crucé la avenida esquivando vehículos. El acceso principal de la escuela estaba cerrado, la banqueta acordonada; rodeé a bomberos y policías para correr hacia la puerta de atrás. Esquivé con dificultad el río humano que caminaba en sentido contrario y llegué a la cafetería. Citlalli, de pie en el rincón, le hablaba a una chica que se encontraba sentada con la cabeza hundida.

—Hija —me abrazó—. ¿Qué pasa?

—Alguien arrojó una bomba casera a la puerta de la escuela.

—¿Cómo?

—Por fortuna, parece que no era lo suficientemente potente para matar a nadie. Pero, de todos modos, dos estudiantes sufrieron quemaduras.

—¿Por qué? ¿Aquí?

—Sonia cree que querían lastimarla a ella.

—A ver —me dirigí a la chica—, no entiendo. ¿Por qué piensas que alguien desea hacerte daño?

La condiscípula de mi hija permaneció callada.

—Un motociclista pasó frente a la universidad a toda velocidad —aclaró Citlalli—. Sonia y yo estábamos conversando en la acera. Ella se puso un poco nerviosa. Entonces volvimos de nuevo a la escuela. El joven pasó otra vez y arrojó la bomba.

Me senté y le acerqué una silla a mi hija.

—¿Reconociste al muchacho, Sonia? ¿Quién es?

La chica temblaba. Hubo un largo silencio. Mi hija me miraba como aguantando la respiración.

—Papá... es el mismo hombre que viste ayer.

—¿El que llevó a tus dos compañeras al motel?

Asintió.

—¿Y tú lo conoces? —increpé nuevamente a Sonia.

—Lo conocí ayer.

—¿No me digas que...?

Extraje un pañuelo y me limpié el sudor. De modo que ésta era una de las chicas aventureras. De modo que mi presentimiento de que había algo malo en la escena fue correcto... De modo que Citlalli era amiga de ella. Recordé lo que me había dicho con desesperación:

"¿Sabías que Sonia, una de las chicas que vimos en la motocicleta, ya estuvo embarazada una vez y abortó...?"

La muchacha habló sin poder detener el temblor de su cuerpo:

—Señor Efrén. Por favor, no se lo diga a nadie...

Tenía al menos que decírselo a Dhamar. La invité a cenar. Camino hacia el restaurante la puse al tanto de la escena de la motocicleta y del ataque a la universidad por el loco terrorista. Fuimos a aquel restaurante escondido, de luz tenue y abundante ornamentación vegetal, en el que, muchos años antes, le declaré mi amor. El lugar no había cambiado nada. Íbamos en cada aniversario. En esta ocasión nuestro estado de ánimo distaba mucho de ser romántico.

—Estoy muy preocupado —le dije apenas tomamos asiento—: Citlalli tiene compañeras extremadamente liberales. No me extraña que haya decidido *conscientemente* tener relaciones sexuales con su ex novio.

—¿En qué hemos fallado? —preguntó.

—En confiarnos... Me ayudaste a escribir nuestras vivencias entretejidas con las enseñanzas que aprendimos de uno de los mejores terapeutas sexuales. Nos basamos en investigaciones e informes científicos de trascendencia y creímos que con eso habíamos cumplido nuestra parte en la educación sexual de nuestra hija, pero nos equivocamos. La teoría no es suficiente. Lo que tú y yo vivimos en la juventud no puede compararse en nada con lo que Citlalli y sus amigas viven *ahora*.

Dhamar ordenó un café. La miré mientras lo hacía. Después de tantos años de haberle declarado mi amor en este mismo lugar, me seguía atrayendo igual o más. Era psicóloga especializada en terapia para la superación de duelos y dirigía un prestigiado consultorio.

—Tengo una paciente que se llama Laura —me dijo—, infectada de SIDA. Cuando la veo no puedo evitar pensar en Citlalli. Tienen la misma edad y se parecen físicamente. No ha querido decírselo a sus padres. Está tan abatida por la dura e irreversible realidad que ha intentado suicidarse...

Asentí. Los jóvenes se encuentran inmersos en una guerra sin armas para defenderse. Les hemos dado información, pero no formación; les hemos dado la vida pero no les hemos enseñado a vivirla; conocen técnicas pero no ética. Para un padre es imposible saber si su hijo fue al cine o a un hotel.

—Sonia tampoco le ha dicho nada a sus papás —comenté—. Hoy me aseguró que había aceptado hablar conmigo sólo porque me conocía a través de nuestro libro y creía que podía ayudarla. Textualmente confesó: *"Magdalena y yo salimos con ese muchacho de la motocicleta ayer. Pero la cosa se puso muy fea. Apenas nos encerramos en la habitación, el hombre nos ató y nos vendó los ojos. Creímos que estaba jugando, pero luego comenzó a golpear a Magdalena. Traté de desatarme. No pude. Me tapó la boca y me arrancó parte de la ropa. Me dijo que conmigo iría después. Estuve luchando por liberarme hasta que lo logré. Cuando me desaté vi a Magdalena en el suelo. La había dejado inconsciente. Lo empujé con todas mis fuerzas y salí corriendo a la calle, subí a un autobús y fui a encerrarme en mi casa".*

—¿Y Magdalena?

—No regresó. Nadie sabe de ella.

—¡Efrén! ¿No me digas que la chica ha desaparecido?

—Sí. Citlalli y yo condujimos a Sonia con el jefe de la policía, que estaba fuera de la universidad. Casi tuvimos que llevarla a rastras y obligarla a declarar cuanto le había ocurrido a su compañera.

Mi esposa permaneció con los ojos fijos llena de preocupación. Por primera vez se daba cuenta de la magnitud del huracán que nos había embestido.

—¿Qué vamos a hacer?

18

—Citlalli me pidió que impartiera un curso sobre conducta sexual.

—¿Y vas a aceptar?

—Sólo si me ayudas.

—¿Cómo?

—Tú eres la psicóloga. Me proporcionaste todo el material técnico para escribir *nuestro* libro. Yo sólo soy un empresario que sabe redactar historias, pero tú eres mi cerebro izquierdo y mi brazo derecho. Además trabajaste con mi padre y escribiste la colección completa de revistas de su consultorio médico *Ideas Prácticas sobre Sexualidad*, tienes la esencia de Asaf Marín...

—¿Y por qué no le pedimos ayuda a él?

—Sabes que le afecta la altura de la ciudad. No podría venir a impartir el curso.

—Claro, claro, pero sí podría proporcionarnos material. Durante el tiempo que trabajé a su lado solía impartir conferencias en universidades y foros de medicina. Yo llevaba su agenda. Era un expositor muy solicitado. Estoy segura de que aún conserva algunos papeles de sus seminarios.

Asentí. No perdíamos nada con intentarlo.

Para llegar a la casa de mi padre había que viajar por carretera más de siete horas. Organicé los asuntos de mi oficina, Dhamar pospuso algunas de sus citas y Citlalli cargó sus libros.

Fue un largo trayecto, tres horas en la sierra a través de un sinfín de curvas. Las vueltas de la carretera y el asfalto deteriorado hicieron sumamente peligroso el viaje. Siempre me pregunté por qué mi padre había elegido un lugar tan inaccesible para pasar los años de su jubilación.

En contraste con el camino, su finca era un lugar extraordinariamente hermoso, rodeado de exuberante vegetación, montañas y lagos. Después de las tensiones de la semana, llegar ahí fue como encontrar un oasis.

Mi padre nos recibió con gran alegría. Nos abrazó, conmovido de vernos aparecer de improviso. Inmediatamente mandó llamar a Sabás, encargándole que nos atendieran lo mejor posible mientras él se cambiaba para estar más presentable. Sabás nos llevó a conocer el potrillo pinto que había nacido el mes anterior. Después de media hora, mi padre apareció recién bañado y afeitado. Sentí primero ternura por él al ver la forma en que le entusiasmaba nuestra visita y después culpabilidad por no haberlo visitado desde hacía casi un año.

Citlalli montó la hermosa yegua alazana y comenzó a trotar alrededor del ruedo. El potrillo seguía a la yegua. Dhamar miraba nerviosa la escena y en cada vuelta recomendaba a la jinete que tuviera cuidado.

—Algo grave debe de ocurrir para que hayan llegado de súbito —comentó papá.

—Sí —caminé con él—. Aunque la verdad cualquier excusa es buena para venir a visitarte.

—No finjas. ¿En qué puedo ayudarte? ¿Necesitas dinero?

—No, papá... Necesito algo mucho más valioso...

Le conté con todo detalle lo acontecido a Sonia y a Magdalena, le hablé de la bomba molotov, de la confesión de Citlalli, de su petición de ayuda... Mi padre se mostró preocupado. Amaba mucho a su nieta.

—Todavía conservo el material de mis mejores conferencias. No es un curso, pero tal vez pueda servirles.

Mientras Dhamar y Citlalli desfogaban sus deseos reprimidos de convivir con la naturaleza, papá me llevó a la cabaña. De su antiguo librero extrajo una carpeta de argollas en perfecto estado.

—Supuse que tendrías traspapelados entre miles de documentos los apuntes de tus charlas —comenté.

—No. Estos papeles valen mucho para mí. Los viejos tenemos poco que hacer. He pasado varias veces en limpio cada una de estas hojas.

—Les sacaré una copia y te las devolveré.

—Úsalas. En este librero no sirven para nada. Además, me siento muy orgulloso de poder ser útil todavía.

Lo miré sin hablar. Me di cuenta de que a mi padre le había ocurrido lo que a muchas eminencias: se retiró huyendo del cúmulo de compromisos asfixiantes y después de un tiempo lamentó no poder seguir ayudando a las personas de las que huyó.

—¿No te gustaría ir a la ciudad a impartir tú mismo el seminario?

Sonrió.

—Sí me gustaría... pero estoy enfermo y el médico me ha prohibido viajar. Sobre todo a la ciudad. Además, Efrén, cuando mis dos hijos se hallaban en medio de los más terribles problemas sexuales, estudié y trabajé intensamente para sacarlos adelante. Ahora se trata de tu hija. Es la ley de la vida. Yo te apoyo, pero el problema es *tuyo*...

Hojeé el material de la carpeta embelesado por tanta pulcritud. No podía pedir más. Era exactamente lo que necesitábamos.

Dhamar y Citlalli entraron agitadas comentando a grandes voces lo briosa y noble que era la yegua de cría.

Le mostré la carpeta a Dhamar mientras Citlalli platicaba con su abuelo sobre caballos.

El rostro de mi esposa se iluminó con una sonrisa al descubrir el extraordinario valor de las hojas que estaban en sus manos. Me miró con ojos de complicidad sin poder ocultar su exultación.

—Aquí está todo... Sólo hay que hacerle algunas pequeñas adaptaciones. Si me permites... —alcanzó un lapicero y una hoja en blanco que había en el librero—, ardo en deseos de comenzar.

Pasamos dos días con mi padre. Trabajamos con él organizando los temas, ideando ejercicios para los estudiantes y trazando un diagrama de flujo, esquematizando el curso. Escribí una carta para la directora de la facultad. Se la di a Dhamar para que la corrigiera y la firmara.

Dos días después salimos de su finca enormemente fortalecidos.

Creo que algo similar le ocurrió a mi padre.

Apenas llegamos a la ciudad, Dhamar y yo fuimos a la universidad para llevarle la carta a la directora:

Doctora Norma Escandón
Vicerrectora de la Universidad
de Especialidades Biológicas de Tlalnepantla
Directora de la Facultad de Medicina

Apreciada doctora Escandón:
   Supimos que usted platicó con Citlalli sobre nuestro libro. También supimos que su hijo es compañero de ella y que tanto Magdalena, la joven desaparecida, como su amiga Sonia estudian en el mis-

mo grupo. *Por eso nos atrevemos a escribirle. Los jóvenes viven una época de adelantos tecnológicos extraordinarios pero también están más cerca que nunca de la violencia, el alcohol, la droga, la pornografía, la homosexualidad, las orgías y la promiscuidad.*

Estadísticas serias[1] aseguran que una aplastante mayoría de los muchachos tiene sexo antes de los veinte años de edad, que los chicos con una vida sexual activa dicen haber comenzado en promedio a los catorce años, los varones, y a los quince años, las mujeres; más de la mitad tuvo su primera experiencia sexual en la casa de él o de ella. De cada diez mujeres, al menos tres han sufrido abuso sexual alguna vez en la vida y más de sesenta por ciento de los abusos sexuales fueron llevados a cabo por novios o ex novios. Uno de los negocios más lucrativos de las grandes ciudades son los hoteles de paso. Éstos se ubican cerca de las escuelas, puesto que buena parte de su clientela son estudiantes.

Doctora Escandón:

Usted sabe que los programas de estudio oficiales abarcan, con gran precisión, la faceta biológica de la sexualidad, pero existe una carencia enorme en la faceta conductual (criterios para decidir cómo, cuándo y con quién tener intimidad, motivos y consecuencias de las prácticas sexuales y elementos para disfrutar noviazgos constructivos).

En las escuelas y universidades sobreabundan los conocimientos anatómicos, mas escasean los de ética sexual. Y no me refiero a religión o prejuicios arcaicos; me refiero a estudios modernos, prácticos y científicos de lo que el joven debe saber para normar su vida íntima. Tristemente, son los mismos profesores liberales quienes con la autoridad que les enviste su posición se alzan frente a sus grupos para brindarles pautas equivocadas.

Los muchachos están hartos de oír prohibiciones sin fundamento. Hoy, para cada NO exigen una razón convincente. Demandar disciplina sin dar explicaciones es la forma antigua de educar. Ya no se pueden seguir los mismos esquemas. Los jóvenes están cansados de

---

[1] Josh McDowell y Dick Day, *¿Por qué esperar? Lo que usted necesita saber sobre la crisis sexual del adolescente*, Unilit.

prohibiciones huecas, pero en el fondo comienzan a asquearse también de la liviandad ilógica.

Doctora Norma:

El reto es muy complejo.

*Queremos proponerle un curso para los alumnos de su escuela, un curso respetuoso pero **fuerte**, en el que se hable de sexualidad sin rodeos, como debe hablársele hoy a los jóvenes. Tal vez algunos adultos conservadores se escandalicen con el material, pero todos debemos abrir los ojos a la realidad que viven los muchachos. Dostoievski afirmó que mucha de la infelicidad abatida sobre el mundo ha sido a causa de las cosas que se quedaron SIN decir.*

Nos ponemos a su disposición.

Personalmente nos ofrecemos a dirigir el curso. Contamos con experiencia, fundamento y sobre todo con un testimonio de vida que brindar.

Si cree que podemos ser de utilidad, con toda humildad nos apuntamos en su lista de voluntarios para servir.

Afectuosamente,

Efrén y Dhamar Alvear,
padres de Citlalli Alvear

Le entregamos a la secretaria de la doctora Escandón la carta en un sobre cerrado. En forma sucinta le explicamos de qué se trataba. La señorita vaciló unos segundos y de pronto abrió mucho los ojos.

—¡No me diga que son ustedes los autores de...! —sonrió—. Pero, ¡vaya! ¡Es increíble conocerlos en persona! Esperen un momento, por favor. Voy a llevarle esto a la doctora. Seguramente le va a interesar leerlo.

Con un poco de aprensión nos sentamos en un sillón de piel y aguardamos.

La directora salió. Nos tendió la mano:

—Mucho gusto. ¿Quieren pasar?

—Sí. Gracias.

Caminó por delante.

—Es muy interesante lo que escriben en su carta. La semana pasada terminé de leer también el libro que habla sobre su familia. Me encantó.

—Gracias —proferí.

Nos sentamos frente al escritorio. La directora era una mujer rolliza de cara redonda y grandes ojos negros.

—Las cosas han estado mal por aquí —comentó dirigiéndose a mí—. El jefe de la policía vino a verme y me dijo que usted había llevado a esa chica Sonia a declarar... Se lo agradezco. La muchacha no lo hubiera hecho por su propia voluntad.

—¿Tiene noticias de Magdalena?

—Todavía nada. La policía está investigando —se aclaró la garganta como si le desagradara el tema—. Lo que dicen en su carta es cierto. Muchos padres vivimos en la ignorancia total de los problemas sexuales de nuestros hijos. Las cosas están mal —repitió.

Detecté en su rostro un gesto de preocupación. Me pregunté si sabría que su único heredero era coleccionista de pornografía especialmente sucia. El silencio se alargó.

—¿Cuándo empezamos el curso? —cuestionó Dhamar sin más rodeos.

—Bueno. En estos casos debo realizar una reunión con el consejo académico para discutirlo, pero... —abrió su cajón muy despacio, tomó un calendario y nos lo alargó—. No lo haré. Ustedes son dos personalidades que no puedo darme el lujo de rechazar. Pongan la fecha.

Marqué con un círculo el lunes de la siguiente semana y miré a mi esposa para consultarle con la vista si estaríamos listos para entonces. Ella asintió.

—Sería bueno impartirlo en todos los grupos de la escuela —añadió Dhamar—. Pero a nosotros nos gustaría hacerlo en el de segundo año de medicina, en el que estudian nuestros hijos.

Nos tendió la mano primero a mi esposa y luego a mí, como cerrando el trato. Noté en ella una mirada vidriosa.

—Gracias —mencionó con voz baja.

Introducción al curso

1. ADVERTENCIA

01. Somos lo que creemos. Valemos lo que tenemos en la mente y en el alma. Alcanzamos lo que soñamos con toda intensidad.

02. Los participantes de este curso deben estar dispuestos a contestar preguntas de opinión, a interactuar con sus compañeros, a redactar por escrito conclusiones, a emprender trabajos de investigación y, por supuesto, a poner en tela de juicio sus ideas anteriores sobre la sexualidad. Deben comprometerse también a detener su actividad sexual hasta concluir el curso.

03. Quien no sepa detenerse periódicamente para planear terminará en un sitio al que nunca tuvo intenciones de llegar. Es una ley de vida.

04. Un alto sexual no será fácil. Significa estar dispuesto a pagar el precio de una reflexión profunda antes de proseguir el camino, mantener una actitud receptiva y positiva, una disposición entusiasta y alerta.

05. Los sabelotodo no deben molestarse en participar.

06. Quien tome el curso con una postura arrogante perderá su tiempo y perjudicará a sus compañeros. Todos creemos saber mucho sobre sexualidad. Es uno de los temas más polémicos. Cada persona defiende su verdad, pero éste no es un curso de verdades, es un curso de reflexiones, en el que cada participante (con actitud humilde) podrá hallar un mensaje especial que lo llevará a ser mejor.

07. Un joven educado en la sexualidad jamás fracasará en la elección de su pareja. No se equivocará en sus decisiones sexuales. Puede y debe triunfar en el amor. Ésa es la promesa de este curso.

2. ORDEN

01. La educación sexual tiene dos facetas:

- **BIOLÓGICA,** en la que se enseña anatomía, fisiología, funcionamiento de los aparatos reproductores, anticoncepción, gestación...
- **CONDUCTUAL,** en la que se descubren hábitos, actitudes y prácticas sexuales con base en modelos de comportamiento aprendidos.

02. Este curso abarca de forma directa la faceta conductual y, de forma indirecta (mediante trabajos de investigación), la biológica.

03. Algunos temas son tan amplios que deberán impartirse en dos sesiones. En cada tema se plantean preguntas de conocimientos y opinión personal. El asesor puede realizar diferentes dinámicas (sorteos, parejas, equipos, competencias o debates) para contestarlas. Al concluir cada sesión, los participantes entregarán las respuestas en una hoja con su nombre. Esta hoja será el registro de asistencia y tiene el valor de **1 punto**.

04. En cada tema se especifica una tarea de investigación o un trabajo que se realizará individualmente. La tarea debe entregarse o exponerse al iniciar el siguiente tema y valdrá **1 punto**.

05. En total, el curso tiene un valor de 24 puntos.

06. Cada estudiante debe tener una copia del material completo para poder realizar, con base en él, cuestionarios y tareas.

07. El curso es apto desde para muchachos de bachillerato (dieciséis años) hasta para jóvenes universitarios o adultos solteros. La diferencia estribará en que los trabajos de investigación y las respuestas de los cuestionarios serán acordes a la preparación académica de los participantes.

3. DIAGRAMA DEL CURSO

01. El objeto de educar en la sexualidad es dignificar al hombre y a la mujer. El objetivo final del curso es, pues, vivir la completa DIGNIDAD (Tema 12). Normalmente todo se inicia con el NOVIAZGO (Tema 1), que en forma natural lleva a los jóvenes a CARICIAS ÍNTIMAS (Tema 2), las que, si se manejan adecuadamente, los conducirán al MATRIMONIO (Tema 11). Cuando el noviazgo o las caricias se manejen mal, terminarán en DECEPCIÓN (Tema 5), a veces después de problemas de CONFUSIÓN SEXUAL (Tema 3), que eventualmente podrán conducir a EMBARAZOS NO DESEADOS (Tema 4). Si la decepción amorosa se trata adecuadamente, el joven podrá subir niveles de ESPERA EDIFICANTE (Tema 10), donde podrá iniciar nuevos noviazgos constructivos. Si, por el contrario, el tratamiento de la decepción

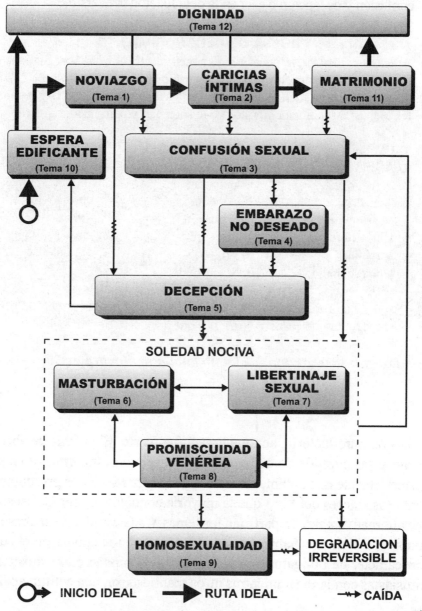

amorosa es deficiente, el joven caerá en la soledad nociva (a la que también podría descender desde la confusión sexual). Aquí desembocará en la **MASTURBACIÓN** (Tema 6), el **LIBERTINAJE SEXUAL** (Tema 7), la **PROMISCUIDAD VENÉREA** (Tema 8) e incluso la **HOMOSEXUALIDAD** (Tema 9). De la soledad nociva podrá subir nuevamente a los niveles de confusión y decepción o caer en la degradación irreversible.

4. PRUEBA DE RECONOCIMIENTO

01. Antes de comenzar, es necesario exponer nuestras ideas sobre algunos de los temas de mayor relevancia que se estudiarán en el curso.

a) Anota en una hoja suelta tus conocimientos sobre cada uno de los siguientes tópicos. Menciona cómo los ve la sociedad y cómo debería verlos:

1. Prostitución	9. Masturbación	17. Celos
2. Aborto	10. Sexualidad	18. Maltrato sexual
3. Pornografía	11. Genitalidad	19. Caricias íntimas
4. Adulterio	12. Condón	entre novios
5. Matrimonio	13. Violación	20. SIDA
6. Unión libre	14. Incesto	21. Virus papiloma
7. Virginidad	15. Noviazgo	22. Dignidad sexual
8. Homosexualidad	16. Machismo	

b) ¿Estás a favor o en contra de las relaciones sexuales fuera del matrimonio? ¿Sí? ¿En qué casos? ¿No? ¿Por qué?

⇒ Entrega la hoja al coordinador *sin anotar tu nombre* en ella.

❑

La sesión introductoria, aunque breve, fue fuerte. El énfasis de abrir la mente y ser humilde de corazón provocó primero una gran tirantez y posteriormente una notable expectativa. Dhamar y yo nos presentamos como los autores del libro que la mayoría conocía y como los asesores que alternativamente impartirían los temas. Cada estudiante se presentó también. Citlalli nos había comentado que, cuando anunciaron el curso con carácter de obligatorio, algunos de sus compañeros se mostraron entusiastas con la idea, mientras otros manifestaron una actitud apática y petulante. Dhamar y yo no detectamos a estos últimos, pero fuimos reservados en cantar victoria, pues el camino que iniciábamos era, como el que conduce a la granja de mi padre, largo y sinuoso.

Esos días mi esposa y yo nos concentramos de lleno en el proyecto. Dhamar iba un rato a su consultorio y yo a mi oficina, pero regresábamos pronto para seguir estudiando. Sentíamos la obligación de dominar los temas previendo cualquier desacuerdo de los estudiantes. Los instructores de un curso así no podían darse el lujo de ser improvisados.

Durante la semana no se supo nada de la compañera desaparecida.

En la víspera de iniciar el curso, una noche me encontré con una sorpresa descomunal:

Una pareja de enamorados se besaba en la acera justo frente a mi casa.

El corazón me dio un vuelco al reconocerlos.

El joven peinaba prolijamente con goma para el cabello y vestía un uniforme de piloto aviador. Ella lucía un vestido rojo muy ceñido.

Se separaron de su acaramelado abrazo al darse cuenta de que me obstruían el paso.

—Buenas tardes, señor.

—Mmmh —respondí a manera de saludo.

Mi hija bajó la cabeza ruborizada.

—Hola, papá...

—Así que ya son novios de nuevo... —espeté con dureza.

—Sí —dijo Juan Carlos audazmente—. Las riñas siempre sirven para unirse más después, ¿no le parece?

No contesté. Quise atravesarle las entrañas con la mirada y pasé de largo.

Ellos no habían reiniciado su noviazgo para charlar sobre filosofía. El apasionado beso que presencié me indicó el camino que evidentemente seguirían los tórtolos.

Entré y pasé junto a Dhamar emitiendo un "Hola" gutural, sin besarla como de costumbre.

Me encerré en el estudio. Tomé el material del curso y lo miré. El tema inicial, "NOVIAZGO", era de suma importancia.

Las manos me temblaban.

TEMA 1
Noviazgo

1. DIAGRAMA DEL TEMA

01. El noviazgo bien llevado puede ser digno para el hombre y para la mujer. Suele avanzar en forma natural a un proceso de caricias íntimas. Cuando enferma, puede caer en confusión sexual o decepciones amorosas más o menos profundas.

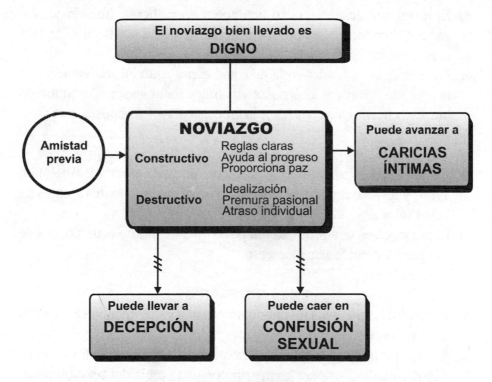

2. SER JOVEN

01. Cuando comienza a construirse un edificio, los recursos económicos desaparecen (literalmente) bajo tierra. Durante semanas, y en ocasiones durante meses, no se nota ningún avance. Los inversionistas reclaman desesperados: "Llevamos varios millones gastados, ¿dónde están?" El arquitecto debe siempre explicar: "Construir los cimientos del edificio es lo más tardado y con frecuencia lo más costoso, pero es lo más importante".

02. Un edificio sin el soporte de buenos cimientos está condenado, tarde o temprano, a derrumbarse. Un árbol sin raíces sanas está destinado a secarse. Un hombre sin el antecedente de una buena juventud está destinado a sufrir y, en muchas ocasiones, a fracasar.

03. La juventud es la época de construir cimientos. Se invierte tiempo y esfuerzo que aparentemente no dan frutos. Los recursos desaparecen. Se gastan millones. Resulta desesperante, pero la inversión es necesaria para poder construir, sobre esos cimientos, una torre monumental.

04. El joven que desperdicia su tiempo en borracheras, libertinaje, vagancia, abandono de estudios o pillerías no podrá construir ni la casa más modesta.

05. Las semillas sembradas en la juventud germinarán invariablemente en la madurez. Si fueron venenosas, sus frutos serán venenosos. Si fueron limpias y buenas, de ellas nacerán árboles bellos y frondosos.

3. DEFINICIÓN

01. El noviazgo es un compromiso moral de trato afectivo, fidelidad, ayuda y respeto recíproco concertado entre dos excelentes amigos de sexos opuestos.

02. El noviazgo es una promesa temporal que, de mutuo acuerdo, puede romperse en cualquier momento.

4. ¿ES NECESARIO?

01. En la adolescencia los jóvenes comienzan a experimentar reacciones a los estímulos del medio que antes no conocían.

02. Al mismo tiempo descubren la existencia de ideas, anhelos y sentimientos exclusivos para compartir con una pareja del sexo opuesto.

03. Ni los padres, ni los hermanos, ni los amigos más allegados pueden participar de esos sentimientos.

04. Los jóvenes *necesitan* el noviazgo.

5. LÓGICA CONCLUYENTE

01. Primera: La juventud es época de construir cimientos.

02. Segunda: El noviazgo es necesario en la juventud.

03. Por tanto: El noviazgo debe ayudar a construir los cimientos.

04. Es un silogismo lógico: *Si en la juventud no se construyen cimientos, la juventud no sirve. Si el noviazgo no sirve para construir, el noviazgo no sirve.*

6. AMISTAD PREVIA

01. La definición del noviazgo puntualiza que es un compromiso moral de trato afectivo adquirido **entre dos excelentes amigos**.

02. Dice un viejo proverbio oriental: "Cásate con la persona que si fuera de tu mismo sexo sería tu mejor amigo".

03. Los cónyuges, antes que cónyuges, deben ser amigos, los mejores amigos. En caso contrario, su matrimonio está destinado a fracasar.

04. Los novios, antes de novios, deben también, con las mismas connotaciones, ser excelentes amigos.

7. UNA BÚSQUEDA COMPLEJA

01. Hay muchos amigos de sexos opuestos, incompatibles para ser novios, pues no "les nace" mantener trato afectivo.

02. Los jóvenes buscan constantemente a la pareja adecuada. Con frecuencia se equivocan, se decepcionan y comienzan de nuevo.

NOVIAZGO REAL

CONFUSIÓN SEXUAL

BÚSQUEDA

DECEPCIÓN

SOLEDAD NOCIVA

NOVIAZGOS RÁPIDOS

03. El riesgo de caer continuamente es endurecerse, perder sensibilidad y, tarde o temprano, llegar a la soledad nociva.

8. CAÍDAS A LA LONA

01. En cierto programa de televisión, una atractiva chica de bachillerato comentaba: "Tengo mala suerte, mis noviazgos no duran más de un mes; este año llevo diez".

02. El joven que inicia y rompe continuamente relaciones afectivas en realidad ya no se encuentra en el cuadro del noviazgo. Ha caído, sin percatarse, a la soledad nociva.

03. El verdadero noviazgo, cuando termina, invariablemente conlleva a un *knock out* (confusión sexual o decepción).

9. DOS ENFERMEDADES TÍPICAS

01. Una enfermedad del noviazgo se llama *idealización.* Algunos síntomas son: perder los estribos por alguien a quien ni siquiera conocemos bien; ver acercarse un *cuerpo atractivo* sintiendo cómo flaquean las piernas y palpita el corazón; imaginar que ese atractivo cascarón debe de contener una esencia extraordinaria y empeñarse en ello.

02. Cuando un amigo nos hace ver los defectos del ser idealizado, nos enfadamos y lo tildamos de mentiroso. Entonces el amigo se aleja murmurando que el amor es ciego. Pero el verdadero amor no es ciego. La idealización sí.

03. Enamorados de un cuerpo, solemos enfermar también de *premura pasional*: se despierta en nosotros un constante deseo de besar, abrazar, sentir la cercanía del otro. No concebimos una entrevista en la que simplemente platiquemos o convivamos, pues la razón principal (y única) de estar al lado de ese extraordinario cuerpo es encender las sensaciones del nuestro.

10. NOVIAZGOS CONSTRUCTIVOS

01. En el noviazgo constructivo hay trato afectivo y caricias, pero no se basa en el amor de los cuerpos; por lo tanto, no sufre la enfermedad de idealización ni de premura pasional.

02. El noviazgo constructivo se caracteriza por momentos muy intensos de crecimiento y ayuda recíproca, brindando, a la vez, suficiente tiempo y espacio libre para la individualidad de ambos. En él, los jóvenes se frecuentan moderadamente, se escriben cartas, se reservan detalles románticos, se comunican a nivel profundo, se sienten entusiasmados, alegres y motivados por la relación.

03. Lo más importante, en los novios constructivos, es que hablan claro y saben establecer reglas y propósitos. Dejan por sentado, de mutuo acuerdo, algunos aspectos como:

- Los horarios y días para verse.
- Las metas individuales y de pareja.
- Las formas de demostrarse confianza.
- Las actitudes de ayuda y apoyo.
- Hasta dónde llegar en cuestión de caricias y sexo.

04. Ambos se disciplinan y se ayudan a mantener las reglas. Cuando uno falla, el otro está en pie, y viceversa.

05. *Un noviazgo constructivo tiene reglas, ayuda al progreso individual, motiva a crecer y proporciona paz interior.*

11. NOVIAZGOS DESTRUCTIVOS

01. Cuando alguien no desea estudiar o trabajar lo suficiente, cuando no le interesa hacer deporte con disciplina ni tiene el valor para enfrentar retos importantes, buscará novio o novia y se "aplastará" a su lado evadiendo sus responsabilidades.

02. Los noviazgos destructivos asfixian, acosan, restan movilidad, tiempo, libertad. Obstruyen y dificultan estudios, trabajo, deporte, relaciones familiares y amistades.

03. Un novio destructivo, por ejemplo, no escribirá cartas a su novia, querrá acompañarla a todos lados, estará constantemente tratando de experimentar con ella besos y caricias profundos, buscará sólo el lado sexual de la relación, le hablará por teléfono a todas horas, querrá verla desde temprano y procurará despedirse ya entrada la noche; además, mostrará celos, amenazas y manipulación.

04. *Un noviazgo destructivo no tiene reglas, se interpone en el progreso individual, desmotiva, crea conflictos emocionales y quita la paz interior.*

CUESTIONARIO PARA REGISTRO (punto 1)

01. A tu juicio, ¿qué significa ser joven y cuál es el objetivo de la juventud?

02. ¿Por qué no se recomienda ser "noviero"?

03. ¿Cuál es el riesgo de terminar noviazgos continuamente?

04. Describe qué es para ti ser un buen amigo.

05. ¿Por qué se recomienda que los novios sean antes excelentes amigos?

06. Según tu criterio, explica la etiología, síntomas y tratamiento para las dos enfermedades del noviazgo.

07. ¿Por qué crees que para muchas personas es tan difícil hallar una pareja?

08. ¿Por qué se dice que el noviazgo es necesario?

09. Menciona cinco características de los noviazgos constructivos y cinco de los noviazgos destructivos.

10. Si tienes novio(a), haz una lista de las reglas que te gustaría establecer sobre la relación que están llevando. Si no tienes novio(a), escribe las reglas que le propondrías.

11. Los párrafos del curso están numerados. Elige los cinco que consideres más importantes de esta sesión. Escríbelos en tu carpeta de párrafos preferidos en orden descendente de importancia.

TAREA (punto 2)

01. Busca el texto llamado "El cuerpo estorba" en el libro *La fuerza de Sheccid*; transcríbelo y explícalo.

02. En el libro *Juventud en éxtasis*, investiga cuáles son los tres pilares del amor y los tres requisitos que deben tener las personas antes de casarse. Explícalos con tus propias palabras.

03. Memoriza el diagrama del curso expuesto en la **INTRODUCCIÓN**.

❑

Terminada la sesión, Dhamar salió rápidamente pues necesitaba ir a su consultorio para atender a Laura, la chica infectada de SIDA que pasaba por una etapa de depresión crítica. Yo me quedé conversando un rato con los estudiantes. Citlalli se acercó a mí, cuando la mayoría de sus compañeros se había retirado:

—Tengo una hora libre. ¿Podría charlar contigo a solas?

—Claro.

Salimos por el pasillo central y llegamos al estacionamiento de la universidad.

—Papá... —comenzó—. Tú sabes que he vuelto con Juan Carlos.

—Sí. Él mismo me lo dijo con su tono socarrón.

—¿Qué piensas?

—Bueno —me aclaré la garganta—. Si salen juntos, acabarán teniendo relaciones sexuales otra vez. Han destruido todas las barreras. No podrán evitarlo.

Ella asintió muy despacio.

—Yo no quiero tener sexo con él nuevamente. Estoy cambiando... madurando... Voy a aplicar cada punto del curso. Para comenzar, trataré de establecer reglas...

—Dudo que acepte.

—Quiero darle una copia del material para que lo analice. Es una persona preparada e inteligente, sé que lo va a comprender.

Me encogí de hombros.

—No lo creo.

—¿Por qué te muestras tan negativo?

—Hija, ¡yo vi la pasión con que se besaban y abrazaban!

—¡Habíamos estado lejos mucho tiempo!

—¿Te das cuenta? Se separan unos días y sienten la necesidad de entregarse a caricias profundas.

—Papá, las caricias no son malas. El diagrama del curso lo dice —abrió su portafolios y me mostró una copia del esquema que traía a la mano; señaló las líneas con el dedo—: Pueden ser dignas y están antes del matrimonio. Además, tú las practicaste con mamá. Lo escribes en el libro —buscó entre sus cuadernos, extrajo la obra publicada y comenzó a hojearla hasta encontrar el texto—: Es una de las partes que más me gustan, porque me hace pensar en lo débiles, pero sobre todo humanos, que eran también mis padres en su juventud.

Comenzó a leer el párrafo. Me recargué en uno de los automóviles estacionados, sintiendo la boca seca. No la interrumpí.

—*"Temerosamente, llevé una mano a su rostro y sentí cómo se estremecía al contacto; jugueteé con su cabello y acerqué mi boca a la suya sin tocarla, a unos milímetros de distancia. Cerró los ojos quedándose muy quieta, luego nos miramos uno al otro, inmovilizados por un respeto ilógico. Ella no quería perder la virginidad así... allí... y yo no quería que eso ocurriera. Fueron suficientes las miradas para quedar de acuer-*

do. Actuamos bajo esos límites, alegres, poseídos e impresionados por la inaudita explosión de nuestro universo físico. Una nube blanca de inquietud nos envolvió, y todo fue falso y todo fue cierto, y atrapados en esa cápsula pegajosa a cuyas paredes se adhería obstinadamente nuestra piel luchamos por respetar las ideas de continencia, pero éstas, atemorizadas, se retiraron agazapándose en un rincón de la sala, disminuidas por el tamaño de esa energía inexplicable. No era mi cerebro el que razonaba ni el de ella; era el cerebro ciclópeo de la naturaleza que, enfurecida, se alzaba sobre nosotros para reclamarnos lo que le pertenecía. La oscuridad tintineante de nuestros ojos, cuando estábamos unidos en besos eternos, semejaba más una sensación narcótica que amorosa. Mis incontrolables manos cobraban autonomía y se mostraban tensas, desesperadas, dispuestas a destruir, a romper, a abrirse paso; mis dedos se movían por iniciativa propia, acariciando, asiendo, desabrochando... y los de ella hacían su parte contagiados de la frenética locura."

Cuando Citlalli terminó de leer el párrafo, hubo un prolongado silencio. Era incómodo que mi hija me hablara de forma tan directa, pero, ¿no había sido eso, acaso, lo que yo había anhelado?

—Me sorprende y... me agrada que hagas observaciones tan agudas —concedí—. En verdad eres una mujer inteligente. Y tienes razón. Las caricias íntimas pueden ser dignas e incluso conducir al matrimonio... pero también pueden convertirse en una ruta cuesta abajo sumamente empinada... Recuerda eso cuando salgas con Juan Carlos.

—Entonces, ¿estás de acuerdo en que siga saliendo con él?

No iba a dejar escapar viva a la presa. Dudé unos segundos. ¿Por qué me preguntaba si estaba o no de acuerdo? Citlalli seguiría saliendo con aquel muchacho aunque yo —y el mundo entero— se opusiera. Entonces, ¿a qué venía esta charla? ¿Sería que simplemente estaba tratando de darme mi lugar?

—Por mí no hay ninguna objeción, hija —contesté—. Pero en la próxima sesión del curso se va a tratar a profundiad el tema de las caricias entre novios. Es algo delicado que debes conocer muy bien y saber manejar.

—Te prometo que voy a analizar cada párrafo del tema.

Asentí. No me quedaba más por decir.

—De acuerdo...

TEMA 2
Caricias íntimas

1. DIAGRAMA DEL TEMA

01. Las caricias casi siempre comienzan con el noviazgo, aunque en ocasiones se producen entre personas que no son novios. Durante un noviazgo constructivo, las caricias bien llevadas pueden ser dignas y conducir al matrimonio. En caso contrario siempre devienen en confusión sexual.

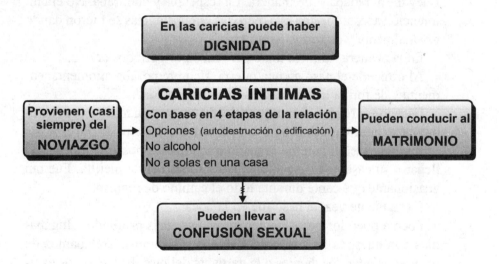

En las caricias puede haber
DIGNIDAD

Provienen (casi siempre) del
NOVIAZGO

CARICIAS ÍNTIMAS
Con base en 4 etapas de la relación
Opciones (autodestrucción o edificación)
No alcohol
No a solas en una casa

Pueden conducir al
MATRIMONIO

Pueden llevar a
CONFUSIÓN SEXUAL

2. DEFINICIÓN

01. Se considera caricia íntima todo contacto físico que pueda despertar en mayor o menor medida vibraciones sensuales.

02. Así, el rango puede ir desde tomarse de la mano o besarse, hasta la estimulación de las zonas más sensibles.

03. Las caricias son el comienzo del amor erótico.

04. Lo que diferencia a los novios de los simples amigos son las caricias.

3. CARICIAS LIMITADAS

01. Muchos aseguran que acariciarse no es necesariamente un medio para llegar al acto sexual, sino que pueden ser un fin en sí mismas. En realidad esto último sería factible si la pareja supiera detenerse en los momentos de pasión y renunciar a seguir estimulándose.

02. Obviamente, se requiere mucho temple y madurez de ambos para respetar el límite y mantenerse conformes sólo con las caricias que se han permitido.

4. UN SENDERO CUESTA ABAJO (Lectura)

01. La siguiente narración está tomada de una carta real. Es muy fuerte pero su exposición es necesaria para visualizar la magnitud del problema al que se enfrentan los novios cuando se acarician:[1]

Lucy me agradaba sobremanera. La respetaba y admiraba. No era mi intención acostarme con ella, pero las circunstancias se fueron dando gradualmente y de forma natural:

En la primera salida la tomé del brazo por periodos cortos.

Al ofrecerle el paso en una puerta, siempre posaba, momentáneamente y de forma ligera, una mano en su espalda.

Usando ese recurso fui apoyando cada vez más mi mano en sus hombros hasta que logré caminar junto a ella rodeando su espalda con el brazo.

En una ocasión le tomé la mano mientras íbamos en el coche. Al llegar a su casa nos despedimos con un beso en la mejilla. Fue tan apasionante que canté durante todo el camino de regreso.

La siguiente vez, el beso fue en la boca.

Poco a poco los besos comenzaron a ser más profundos. Jugábamos con nuestras lenguas mientras nos besábamos. Tratábamos de tocar el paladar, los dientes o la garganta del otro. El juego nos excitaba de forma impresionante. Aprendí que los besos profundos en la boca pueden ser una imitación del acto sexual, pues ciertos movimientos de la lengua a veces simulan un falo.

Una noche, mientras experimentábamos besos profundos, bajé mi mano desde su cara, pasando por su cuello, hasta rozar ligeramente

---

[1] Extracto de una carta escrita por un joven de diecinueve años radicado en la ciudad de Mérida, Yucatán.

sus senos. Ella se separó un poco, pero sin la suficiente energía, así que volví a intentarlo. Cuando logré tocar claramente uno de sus pechos, me detuve apoyándome en él como en un gesto de fraternidad inocente. Así lo hice varias veces hasta que ya no pude conformarme con sólo colocar mi mano y comencé a frotar.

Era tan excitante, para ambos, la caricia de los senos que después ya no era necesario estar besándonos para practicarla.

Hábilmente aprendí a meter la mano por debajo de la blusa y a acariciarla sobre el sostén.

Un día, ella misma me ayudó a destrabar el elástico y por fin pude sentir la suavidad de su piel.

Aprendí a excitarla frotando lentamente sus pezones.

A esas alturas Lucy solía ya tocarme los genitales por encima del pantalón.

Poco después, la sensación de frotar sus pechos con las manos no fue suficiente y tuve el impulso de besarlos. Para esta práctica ella necesitaba estar totalmente descubierta, así que gradualmente buscamos lugares más oscuros y privados. Alternábamos las caricias de los senos con roces de piernas y glúteos.

Cuando comencé a acariciar su entrepierna, Lucy ya había logrado llegar también al interior de mis pantalones.

Al platicar sobre lo que nos estaba ocurriendo llegábamos a la conclusión de que no había riesgos ni pasaría nada si sabíamos detenernos antes del acto sexual. Para entonces yo me masturbaba casi diariamente recordándola y ella admitió haber comenzado a hacerlo por primera vez.

Posteriormente ya no nos conformábamos con estar en el auto o en el cine para tocarnos. Procurábamos habitaciones de hoteles en las que, con la consigna de no llegar al coito, nos desnudábamos, nos bañábamos juntos y acariciábamos nuestras partes íntimas hasta enloquecer.

Pero el instinto sexual es muy poderoso y, sin salir del marco de simples caricias, llegamos a experimentar una excitación enorme cuando aprendí a frotar mis genitales sobre los de ella.

La relación sexual completa ocurrió un día sin que pudiera intervenir nuestra voluntad. La experiencia resultó sumamente agradable. A partir de ese momento comenzamos a mantener relaciones en forma continua. Lucy se asesoró con unas amigas para tomar píldoras anticonceptivas y al menos una vez por semana nos las ingeniábamos para tener sexo. Éramos como un matrimonio, pues nuestra intimidad había llegado al máximo, pero con la ligera diferencia de que nuestro compromiso no.

Después de un año de relaciones sexuales (más de cuarenta encuentros), comencé a aburrirme. Prácticamente se terminó entre nosotros la luna de miel. Ya no había pasión ni enigma. Nos conocíamos demasiado. Se cruzó por mi vida una nueva compañera en la universidad y salí con ella. Volví a experimentar la belleza de un beso apasionado. Dejé a Lucy. Me duele un poco porque nos habíamos encariñado mucho. Dicen que, en esto del sexo, la que más pierde es la mujer, aunque yo pienso que el gozo fue mutuo y que no tengo por qué sentirme culpable. Todos tenemos derecho a buscar nuestra felicidad.

PREGUNTAS PARA DISCUSIÓN EN GRUPO

01. ¿Por qué la relación de estos jóvenes no prosperó? ¿Por qué no les fue posible detenerse a tiempo?

02. ¿Será factible que las caricias sexuales puedan disfrutarse como un fin en sí mismo sin convertirse en un medio para llegar a la relación sexual? ¿Qué se requiere para ello?

03. En la narración anterior se mencionan dieciocho pasos que culminan en la relación sexual. Si clasificaras las caricias en *suaves*, *fuertes* y *profundas*, ¿cómo repartirías los dieciocho pasos? (ES NECESARIO CONTESTAR ESTA PREGUNTA PARA ENTENDER ALGUNOS DE LOS CONCEPTOS SIGUIENTES).

5. CUATRO ETAPAS DE TODA RELACIÓN AMOROSA

01. Primera etapa: *Enamoramiento*. *No hay caricias sexuales*. Sólo existe una química, un magnetismo, una atracción con la que inicia la mayoría de los romances. Es la etapa del cortejo y las declaraciones amorosas. El tiempo de duración de esta etapa puede ser desde unos días hasta unos cuantos meses.

02. Segunda etapa: *Conocimiento*. Es la esencia del noviazgo. La pareja se conoce profundamente mediante la asimilación de las virtudes y defectos de ambos. *Hay caricias ligeras*. Es una etapa larga que puede prolongarse por varios años.

03. Tercera etapa: *Compromiso*. Existe promesa de unión y fidelidad. Es la etapa en la que se planea el matrimonio. *Caricias fuertes*. Suele durar sólo unos meses mientras se realizan los preparativos de boda.

04. Cuarta etapa: *Intimidad.* Se ha consumado y decidido la relación definitiva mediante el convenio conyugal. *Caricias profundas* y entrega sexual completa.

6. SALTARSE LAS ETAPAS

01. Muchas parejas no siguen un orden, dejan fuera todo compromiso y abrevian hasta lo imposible los tiempos. En cuanto sienten enamoramiento, buscan las caricias íntimas. Es el caso típico de las películas y programas televisivos: las personas se enamoran y se acuestan.

02. Una relación sin conocimiento (segunda etapa) ni compromiso (tercera etapa) está destinada a fracasar, además de dejar graves secuelas.

03. Por el contrario, cuando una pareja tiene relaciones sexuales por legítima entrega amorosa, después de haber vivido plenamente las *cuatro etapas*, el sexo resulta la unión más hermosa y constructiva.

7. CUANDO EL NOVIO NO PUEDE DETENERSE

01. Si el varón no ama a la chica, carece de madurez y temple de carácter, seguramente la empujará a continuar un contacto sexual que ella no desea.

02. Si la mujer intenta parar el juego de las caricias sexuales y el varón no quiere o no puede, se produce, con frecuencia, un acto sexual forzado.

8. ¿EL HOMBRE LLEGA HASTA DONDE LA MUJER LO PERMITE?

01. A la mujer se le impone la carga de resistir y después se le impugna cuando no lo logró, pero ya es tiempo de que el hombre comience a participar y se comporte como ser humano maduro y no como animal instintivo.

02. Delegar en la chica toda la responsabilidad del juego sexual y culparla por no haberlo detenido es un acto machista e indolente. Los verdaderos hombres saben respetar y ayudar a su pareja a mantener los límites.

9. CONVERTIR LA DESVENTAJA EN VENTAJA

01. Sería imposible corregir la conducta de *todos* los hombres; por lo tanto, la mujer inteligente debe convertir la "desventaja" de ser responsable de los límites en una "ventaja".

02. Pongamos el caso de una chica que desea ser tomada en serio por su novio. Como ella es responsable tácita de las caricias, puede manejarlas para autodestruirse o para dignificarse.

10. AUTODESTRUCCIÓN POR LAS CARICIAS

01. Con base en el amor (legítimo) que siente, la mujer boba apresura las caricias sexuales con la idea de que cuanto más rápido lleguen a la intimidad él la amará más.

02. Una regla básica en los negocios es que, si algo abunda, el precio baja. Algunos comerciantes esconden los productos para provocar escasez y de esta forma incrementar el precio.

03. El manejo *bobo* del sexo consiste en sobreabundarlo.

04. Es un hecho innegable: el joven que tiene fácil acceso a caricias profundas y sabe que puede seguir degustando el cuerpo de su novia se echará para atrás con mucha facilidad ante un compromiso más serio.

11. EDIFICACIÓN POR LAS CARICIAS

01. La mujer inteligente no admite manoseos, pues vincula su respeto y dignidad a la forma como es tratada. Por otra parte, *sí* admite caricias, pero **condiciona su avance a la etapa exacta de la relación**.

02. Si el hombre no se compromete en el umbral de la siguiente etapa, la chica inteligente "pone tierra de por medio" y lo deja con el sabor de boca de cuánto perdió. Esto provoca que cualquier hombre esté dispuesto a hacer lo que sea por una mujer.

03. ¿Cómo sonaría la redacción del novio que abandonó a Lucy si ella hubiera sido más inteligente? Probablemente así:

No era mi intención casarme con Lucy, pero las cosas se dieron: "Matrimonio y mortaja, del cielo bajan."
Nuestras primeras caricias fueron dulces e inocentes.

Un día, mientras la besaba, posé la mano en su pecho y ella la retiró enérgicamente. Volví a intentarlo, pero Lucy interrumpió nuestro beso para decirme que no deseaba que la tocara. Yo le aclaré que era sólo una manifestación de cariño y ella mencionó que la mejor forma de demostrarle afecto era respetándola. Me enfurecí de verdad. Pensé que era anticuada e inmadura. Me dispuse a dejarla, pero me atraía tanto que terminé regresando con la consigna secreta de convencerla algún día. Fue inútil. Sus ideas eran muy firmes. Después de varias discusiones fuertes, me resigné a mantener una relación preponderantemente de convivencia. Nos besábamos y abrazábamos, pero las caricias leves eran sólo un complemento y no el centro de nuestra unión. Debo reconocer que crecimos mucho como personas. Ambos llegamos a la certeza de contar con un amigo incondicional.

Con el paso de los años, las primeras riñas se olvidaron. Nuestra confianza era mucho mayor y llegó el momento en que fue normal para mí tocarle los senos con delicadeza y para ella acariciarme la entrepierna. Para ese entonces **hablábamos frecuentemente de nuestro futuro matrimonio**. Un día nos despojamos parcialmente de nuestra ropa superior. Fue la sensación más hermosa y enloquecedora que he vivido jamás. Al poco tiempo me sugirió que nos casáramos, a lo que yo me negué.

Por desgracia las múltiples actividades de Lucy comenzaron a separarnos. Trabajaba y estudiaba. Cada vez tenía más deberes. Yo la extrañaba mucho. Nunca hubo otra oportunidad para repetir las caricias fuertes. **Ella se alejó de mí**. Me hizo ver que si no me decidía pronto quizá la perdería. Me consta que no le faltaban pretendientes. Así que hice acopio de valor y la pedí en matrimonio. Antes de casarnos hubo acercamientos sexuales profundos, pero nunca tuvimos relaciones. Cuando llegó la fecha yo estaba loco, enardecido de amor por ella... Creo que empezamos nuestro matrimonio con el pie derecho. A propósito, nuestra vida sexual ahora es extraordinaria...

12. LA VERDADERA PRUEBA DE AMOR

01. El amor real no tiene prisa, pues cuenta con fuertes bases en el conocimiento profundo de la otra persona (segunda etapa) y en la aceptación total de sus virtudes y defectos.

02. La mejor forma de comprobar si dos personas se aman de verdad es dejar a un lado los besos y caricias durante ciertos periodos.

03. El amor verdadero es espiritualmente satisfactorio para la pareja y puede sobrevivir a la abstinencia sexual.

13. ESTAR SOLOS EN UN INMUEBLE

01. Los casados conviven *a solas* en una casa, departamento o habitación (CASA-DOS) y ahí mantienen una vida sexual activa.

02. Cuando los novios están solos en un inmueble, el instinto los lleva a caricias íntimas que, por lo común, no pueden detener.

03. Una regla fundamental en el noviazgo ordenado debe ser: Jamás quedarse *solos* en una casa, departamento o habitación.

14. EL ALCOHOL Y LAS CARICIAS ÍNTIMAS

01. Una última consideración *urgente* respecto al tema de las caricias: según estadísticas serias, casi cuarenta por ciento de los jóvenes preuniversitarios y universitarios ingieren alcohol sistemáticamente, al menos una vez por semana; el alcohol está presente en sesenta por ciento de los homicidios, treinta por ciento de los suicidios, cincuenta por ciento de los accidentes automovilísticos, cincuenta y ocho por ciento de las muertes por incendio, cuarenta y cinco por ciento de las muertes por ahogamiento en agua.[2]

02. Podemos afirmar que el alcohol, como droga estimulante, desinhibe los instintos y ocasiona en los jóvenes un aumento desmedido de caricias y relaciones sexuales.

03. Está comprobado: los novios que asisten a reuniones o lugares donde abunda el alcohol son varias veces más propensos a tener caricias eróticas profundas e incluso relaciones sexuales.

04. Miles de embarazos indeseados provienen de una noche de copas.

05. Millones de abusos sexuales se perpetran con el artilugio de emborrachar a la mujer.

06. Infinidad de novios acaba cediendo a sus frugales intenciones de mantener un límite en las caricias sexuales, desinhibidos por el alco-

---

[2] Doris Amaya y María Eloísa Álvarez del Real, *Sepa todo sobre adicciones*, América, 1991.

hol. Cuando la mecha está impregnada de esta droga, siempre resulta muy corta para apagarla a tiempo.

07. Ni este curso ni ninguna consideración de juicio sirven para nada cuando la persona está ebria. Ante los efectos del alcohol, no hay límites que valgan.

CUESTIONARIO PARA REGISTRO (punto 3)

01. ¿Consideras que debe haber caricias y besos en todos los noviazgos? ¿Por qué?

02. ¿Crees que las caricias son un medio para llegar a las relaciones sexuales o un fin —de goce mutuo— en sí mismo?

03. ¿Cuáles y cómo son las cuatro etapas de una relación?

04. Analiza los noviazgos que has tenido; haz una breve reseña de ellos identificando las etapas a las que has llegado.

05. ¿Qué ocurre cuando la pareja se salta las etapas?

06. ¿Podría un joven llegar a violar a su novia? ¿Cuándo? ¿Cómo se puede evitar?

07. ¿Cuál debería ser la conducta correcta de los varones respecto al refrán que dice: "El hombre llega hasta donde la mujer lo permite"?

08. ¿Crees que puede cambiarse la mentalidad de los hombres a este respecto? ¿Cómo?

09. ¿Cómo puede convertir una mujer la "desventaja" de ser responsable de los avances sexuales en "ventaja"?

10. ¿Cuáles son las opciones destructivas y edificantes de una mujer para manejar las caricias? ¿Qué resulta de aplicar cada una de ellas?

11. ¿Cuál es la verdadera prueba de amor?

12. ¿Por qué se dice que los novios no deberían quedarse solos en un inmueble?

13. ¿Cuál crees que deba ser la actitud de los jóvenes que deseen planear su vida *sexual* respecto al uso del *alcohol*?

14. Elige los cinco párrafos que consideres más importantes de esta sesión. Escríbelos en tu carpeta de párrafos preferidos.

TAREA (punto 4)

01. Cita a tu novio(a) en un restaurante para platicar serenamente y con toda claridad sobre las modificaciones y ajustes que deben emprenderse en su relación. Básate en tus conclusiones de los dos primeros temas del curso. Escribe una reseña de qué fue lo que ocurrió en esa entrevista. Si no tienes novio(a), escribe diez reglas sobre cómo llevarías la relación de noviazgo.

02. *Trabajo de investigación:* ¿En qué consisten los ciclos hormonales de la mujer y del hombre? ¿Cuál es el mecanismo de la menstruación? ¿Cuál es el de la eyaculación? Explica las funciones de cada una de las partes de los sistemas reproductores.

❑

Expuse el tema con gran entusiasmo. Dhamar me apoyó. Cuando abrimos la sesión de opiniones previa al cuestionario, la mayoría de los jóvenes levantó la mano. Estaban alterados. Los atacantes protestaban diciendo que se trataba de "ñoñerías mojigatas y cursis". Los defensores argumentaban que quienes no estuvieran de acuerdo con el material manifestaban su falta de disposición para llevarlo a la práctica.

—Cuando a un alcohólico se le pide que deje de beber —comentó una joven llamada Ana—, suele portarse agresivo. ¡Eso está ocurriendo con algunos de ustedes!

Ana recibió silbidos y abucheos. Esto hizo aún más acalorado el debate. Dhamar y yo nos miramos en medio de la inesperada polémica. Perdíamos el control.

—¡Un momento! —levantó la voz mi esposa—. Hagamos un ejercicio para ponernos de acuerdo —los jóvenes fueron callando gradualmente—. Vamos a releer, punto por punto, el material y a señalar cada una de las frases subjetivas que encontremos. Los párrafos objetivos serán, por orden lógico, incuestionables. Los párrafos subjetivos estarán sujetos a opinión, ¿les parece?

Los muchachos concedieron. Dhamar leyó de nuevo los artículos con puntos y comas. Cuando un joven levantaba la mano para argumentar falta de objetividad, otro le demostraba que estaba en un error. El ejercicio comprobó que los párrafos eran imparciales. Podían aceptarse o rechazarse pero no polemizarse o ponerse en duda. Mentalmente di las gracias a mi padre por sus escritos y felicité a Dhamar por su inteligencia. Me percaté de que el tiempo de la clase se había agotado y pedí a los jóvenes que contestaran las preguntas del registro. Hubo una expresión general de desánimo, pero casi de inmediato comenzaron a trabajar.

Caminé por las filas y me acerqué a mi hija. Quise asomarme a su cuaderno para ver sus respuestas y todo lo que leí fue una palabra dibujada diagonalmente con letras atildadas: *¡Gracias!*

Por desgracia, el gusto no me duró mucho tiempo.

Esa noche Citlalli salió con Juan Carlos.

Dhamar y yo estábamos en la cocina cuando nuestra hija regresó.

Irrumpió en la casa bañada en lágrimas con los brazos cruzados y ligeramente agachada hacia delante. Pasó corriendo. Nos levantamos de un salto y fuimos tras ella.

—¿Qué te pasa, Citlalli? —grité en tono enérgico—. ¡Detente!

La joven se paró en el corredor y se recargó en la pared llorando.

—¿Qué te ocurrió? —preguntó mi esposa.

Citlalli permaneció callada. Puse mis manos sobre sus brazos y la obligué a descruzarlos. Su vestido, con abertura al frente, estaba intacto salvo por...

—¿Cómo perdiste esos botones? —se adelantó Dhamar.

Mi hija se negó a responder.

Salí a la calle con grandes zancadas esperando encontrar al sujeto vestido de piloto. La calle estaba desierta, excepto por un taxi que se hallaba estacionado en la esquina levantando pasajeros.

Respiré hondo y volví a entrar procurando calmarme.

Dhamar había llevado a Citlalli hasta el sillón de la sala y se sentó junto a ella.

—Esta vez no te voy a suplicar, por favor, que me expliques lo que ocurrió —la enfrenté—. ¡Te exijo que lo hagas!

Se limpió la cara y levantó la vista asustada.

—Me invitó a cenar —comenzó—. Le comenté que estaba tomando un curso de conducta sexual y que necesitaba hacer mi tarea con él. Me malinterpretó... Me llevó a su casa. No había nadie.

—¿Te malinterpretó...? —protesté—. ¿Fuiste a su casa? ¡Infringiste la primera norma!

—Estaba segura de poder manejar las cosas.

—¡No lo puedo creer!

—Dijo que iba a prepararme la cena. Se portó de forma muy graciosa. Me hizo reír mientras servía la comida. Traté de hablarle del curso. Saqué una copia del material para dárselo, pero lo empujó a un lado sin dejar de jugar. Me besó. Fue algo muy contradictorio. No podía comunicarme con él, pero, cuando me abrazaba, ¡me relajaba! ¡Deseaba que siguiera abrazándome! Cada vez que él tenía de nuevo el control, intentaba acariciarme y yo reaccionaba con un respingo y deteniéndolo. Recordé mucho el ejemplo de Lucy. Insistí en que debíamos hablar, ¡pero no resultó!

La chica mostraba un gran pesar. Lo que verdaderamente le dolía no era el hecho de que su novio, seguramente en un forcejeo posterior, le hubiese arrancado los botones del vestido, sino la desilusión que le causaba, con su conducta cáustica, alguien a quien ella quería tanto.

—Cuando expusiste el artículo del novio que no puede detenerse —comentó—, me pareció exagerado... Tampoco estuve de acuerdo con el concepto de "jamás quedarse solos en una casa", me pareció antediluviano. Hoy comprobé que son ciertos... Pero, ¿por qué? No lo entiendo. ¿Por qué los hombres persiguen siempre el sexo? ¿Por qué se acuestan con quien se deja? Todas mis compañeras coinciden en que el noviazgo es una lucha continua para detener al muchacho. Ante tanta insistencia, las mujeres perdemos gradualmente cualquier postura. En mi salón sólo hay una chica que no ha tenido relaciones sexuales: Ana. Todas las demás hemos accedido. Por eso se armó el debate de hoy.

—Citlalli —intervine—, deseo ser un padre muy equilibrado, pero en estas circunstancias tengo que usar una frase que nunca creí que necesitara usar: Te prohíbo ver de nuevo a Juan Carlos.

—No te preocupes. De hecho ni siquiera quise volver a subirme a su auto. Me regresé en un taxi.

Dhamar me hizo una seña con los ojos para que me tranquilizara.

Asentí. No tenía caso seguir enojado. Le acaricié el cabello a Citlalli y ella me miró con gesto de desamparo. Me di la vuelta y fui directo al estudio para preparar el tema de "Confusión sexual".

TEMA 3
Confusión sexual

01. Primera parte de la sesión: **Área biológica**: Exposición *breve*, por los alumnos, del trabajo de investigación sobre *los sistemas reproductores y los ciclos hormonales*. Entrega de trabajos.

02. Segunda parte de la sesión: **Área conductual**. Estudio de los siguientes artículos:

1. DIAGRAMA DEL TEMA

01. Cuando se ha vivido acoso, discriminación, abuso, desorden en el noviazgo o en las caricias íntimas, las personas suelen caer en confusión sexual. El estado sólo tiene tres salidas: ***embarazo no deseado, decepción amorosa o soledad nociva***.

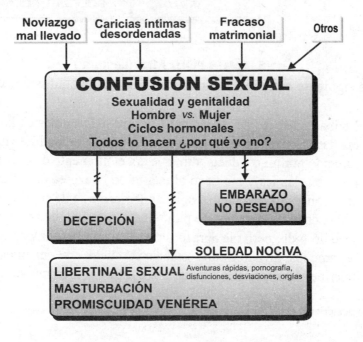

51

2. DEFINICIÓN

01. La confusión sexual es una etapa en la que se pierde la ecuanimidad. El individuo se llena de ideas contradictorias, es incapaz de discernir lo conveniente de lo inconveniente, confunde sexualidad con genitalidad, se paraliza indeciso, pero a la vez se alista para participar en juegos de seducción.

02. Aunque esta etapa transitoria siempre acaba en algo desagradable, el tema pretende orientar a la persona para ayudarla a no caer en embarazo o soledad nociva y a salir de la etapa a través de la decepción.

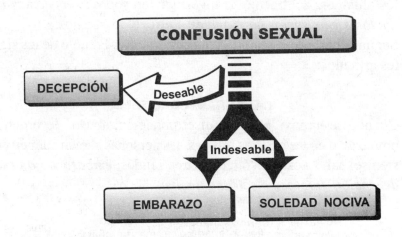

3. AMOR FORZADO (Lectura[1])

01. La siguiente carta real es una muestra clara de confusión sexual:

Yo iba en tercero de bachillerato, sacaba malas notas en la escuela y era desordenada en casa. Un día, el esposo de mi madre se mostró enfurecido por mi conducta, dijo que era el momento de poner los puntos sobre las íes y me llevó al cuarto de la azotea para llamarme la atención a solas. Comenzó regañándome, me senté en una silla y agaché la cabeza. Después me pidió que me pusiera de pie, no sé cómo sucedió todo, pero me abrazó; yo estaba confundida por su reciente reprimenda, mi autoestima estaba en el suelo, creí que intentaba consolarme, pero empezó a quitarme la ropa y a tocarme, preguntó qué

---

[1] Carta escrita al autor por una joven de la ciudad de México.

sentía, no dije nada, me pidió que lo besara. Había algo agradable, y repulsivo a la vez, en sus caricias. De pronto me tocó en la parte más íntima de mi cuerpo. Me asusté. No sé cómo logré salir, pero llegué al departamento bañada en lágrimas. Le conté a mi madre lo que había ocurrido. No sé lo que ella le dijo o cuál fue la versión de él, sólo dejaron de hablarse por un tiempo y después siguieron haciendo su vida normal.

El sexo siempre me causó gran curiosidad, pero al recordar a mi padrastro me pregunto una y otra vez por qué es algo que se usa para lastimar y por qué es algo tan sucio para algunas personas.

Le platiqué a mi novio lo que me había ocurrido y me consoló. Dijo que estaba muy agradecido por la confianza que le tenía. A los pocos días quisimos tener relaciones sexuales, pero no pude cooperar. Volvimos a intentarlo otras veces y siempre me lastimaba, hasta que se desesperó, asegurando que no éramos compatibles. Me dejó y lloré mucho. Eso pasó hace dos años. Ahora salgo con otro muchacho. Necesitaba saber si soy normal, así que cuando me pidió acostarse conmigo acepté, puse todo de mi parte y al fin pude tener sexo completamente. Él disfrutó mucho. Para mí fue intrascendente. Cada semana quiere que nos acostemos. Me agrada excitarme, pero al final resulta frustrante pues no logro sentir nada extraordinario. He pensado terminar con él e intentar alguna nueva relación para ver si con otro muchacho las cosas salen mejor. He descubierto que TODOS los hombres estarán disponibles para acostarse conmigo cuando yo lo quiera. Antes soñaba con llegar virgen al matrimonio, ahora eso me parece bobo. Quiero probar otros brazos pues tengo miedo de que yo sea el problema. Por favor, aconséjeme. Leí su libro y sé que podría ayudarme.

4. SEXUALIDAD Y GENITALIDAD

01. El cuerpo de los seres humanos es un cuerpo animal. Sin embargo, las personas *no somos* simplemente animales gracias al espíritu que habita en el cuerpo. Así, decimos que el cuerpo es templo del espíritu.

02. La **sexualidad** es una conjunción de cuerpo y alma en la que dos seres humanos involucran donación, dignidad y compromiso.

03. La **genitalidad** es el uso exclusivo de los órganos reproductores y las zonas erógenas del cuerpo para obtener placer erótico.

04. Las personas en etapas de confusión sexual son incapaces de hacer pleno uso de su sexualidad porque están enredadas en dudas y problemas sobre su genitalidad.

5. RECORDANDO LO OBVIO: CICLOS HORMONALES[2]

01. "A partir de la pubertad, todas las mujeres comienzan a tener periódicamente una menstruación. Ésta, lejos de producirles un goce físico, les ocasiona molestias y alteraciones de ánimo."

02. "Como contraparte, los varones, después de la niñez, también viven un ciclo hormonal en el que desechan el semen que su cuerpo ha producido en exceso, algunas veces en los llamados 'sueños húmedos' y otras mediante la masturbación."

03. "La eyaculación del varón no se produce cada veintiocho días como la menstruación de la mujer. Dependiendo del muchacho, puede suceder cada semana, cada tercer día o aun con mayor frecuencia."

6. INCOMODIDAD EN LA MUJER, PLACER EN EL HOMBRE[3]

01. "Una diferencia entre la eyaculación y la menstruación estriba en que la primera siempre *produce un gran placer genital.*"

02. "Para la mujer cada menstruación es una incomodidad; para el hombre cada eyaculación es un orgasmo, un clímax físico, una experiencia grata de su genitalidad."

03. "La muchacha soltera, aunque puede excitarse sexualmente ante determinados estímulos, por lo regular *ni idea tiene de lo que es un orgasmo masculino,* ni remotamente se imagina la magnitud del goce corporal que ha sentido, desde la adolescencia, su hermano, novio o compañero. Para saberlo necesitaría ser hombre."

04. "Un hombre puede sentir el mismo placer genital con una jovencita, con una mujer madura, con una amiga, con una desconocida o autoestimulándose; la única diferencia entre uno y otro evento estribará en que algunos le producirán mayor excitación, pero en el momento de llegar al clímax se convulsionará igualmente en *todos* los casos."

---

[2] C. C. S., *Volar sobre el pantano*, Ediciones Selectas Diamante, México, 1995.
[3] *Ibid.*

54

05. "Las chicas deben saber que los varones buscarán repetir sus muy placenterísimas experiencias físicas y que, para ello, algunos serán capaces de *pagar*, *forzar* o *fingir amor*."

7. LOS HOMBRES Y EL SEXO PREMATRIMONIAL

01. En el ambiente juvenil abundan los habladores; presumen de grandes experiencias, muchas de ellas inventadas. Lo cierto es que, entre hombres, se incitan unos a otros para obtener conquistas sexuales. El que no compite se siente relegado.

02. Un varón soltero suele buscar la relación íntima por las siguientes razones, en orden de importancia:

- **Deseo puramente sexual.**
- **Anhelo de conquistar y tener experiencia.**
- **Competencia y rivalidad con sus amigos.**
- *En menor escala, por enamoramiento.*

8. LAS MUJERES Y EL SEXO PREMATRIMONIAL

01. Las mujeres participan activamente de la sexualidad prematrimonial. En la etapa de confusión, también presumen entre ellas de grandes experiencias e igualmente fingen amor.

02. Sin embargo, buscan la relación íntima por las siguientes razones, en orden de importancia:

- **Enamoramiento:** cariño sincero, deseo de amar y ser amada.
- **Presión psicológica:** no querer ser tachada de anticuada o pueril.
- **Vanidad:** sentirse admirada, conquistada.
- *En menor escala, por deseo puramente sexual.*

9. LEY 80-20 DE LAS RELACIONES ENTRE HOMBRE Y MUJER[4]

01. Cuando un hombre y una mujer se encuentran, deseo y romanticismo se entremezclan arrojando una amalgama especial:

02. El varón reacciona ochenta por ciento con deseo sexual y veinte por ciento con romanticismo.

03. La mujer reacciona ochenta por ciento con romanticismo y veinte por ciento con deseo sexual.

---

[4] *Ibid.*

55

04. Con su veinte por ciento de romanticismo, el hombre puede ser muy caballeroso; la mujer, con su veinte por ciento de erotismo, puede ser muy sensual, pero eso no les quita a ninguno su parte dominante.

05. El varón cree que la chica puede sentir la misma libido y se apresura a intentar despertar en ella pasiones similares a las que él siente. La mujer cree que el hombre vibra en su misma frecuencia de romanticismo y de inmediato lo llena de detalles tiernos y sentimentales.

06. No conocer la parte dominante de la otra persona ocasiona frustración mutua y decepciones.

10. CONFIAR EN LOS HOMBRES

01. ¿Se puede confiar en una persona ochenta por ciento sexual? La respuesta es **sí**... pero no siempre.

02. Todos los hombres saben lo que es sentir atracción ardiente e irracional hacia un "cuerpo" femenino bello. Aprenden a dominar sus impulsos eróticos y a subordinarlos a la razón, al respeto y al amor. Sin embargo, ese aprendizaje no es automático ni inmediato.

03. Existe una regla infalible sobre la confiabilidad masculina: *cuanto más inmaduro y débil de carácter es el hombre, más mujeriego y promiscuo suele ser. Cuanto más dominio de sí tiene y más sólido es su carácter, más confiable, fiel y honesto sexualmente es.*

04. La confiabilidad NO está relacionada ni con la preparación ni con el nivel socioeconómico. Existen profesionistas titulados, hombres ricos y gerentes de corporaciones capaces de seducir a una empleada, violar o cometer incesto. Igualmente, hay personas pobres o ignorantes espiritualmente maduras y, por ende, sexualmente nobles.

11. MUCHACHAS PROVOCATIVAS

01. Con vestidos escotados, ropas sensuales y actitudes provocativas, las chicas logran captar la atención de los hombres.

02. A las mujeres les agrada ser admiradas y les fascina la idea de verse sensuales, pero una chica insinuante nunca podrá saber si el hombre al que está provocando posee la madurez moral y espiritual, la fuerza de carácter y el autodominio necesarios para respetarla y tratarla como a una dama.

03. De cada diez mujeres, al menos tres han sufrido durante su vida abuso sexual de algún tipo.

04. Jugar a la chica despampanante, provocando la lascivia de los hombres, es como salir de cacería con una escopeta descompuesta. En cualquier momento puede salir "el tiro por la culata".

05. Exhibirse besándose y acariciándose con un muchacho es otra forma de provocar. Los hombres que ven la escena suelen pensar: "Si a eso se atreve a la vista de los demás, es fácil suponer cuánto hace con su ardoroso galán en la intimidad. En cuanto pueda, buscaré mi turno con ella".

12. PLACER FEMENINO

01. Las mujeres están biológicamente capacitadas para mantener experiencias multiorgásmicas en la misma sesión así como para una mayor resistencia en el ejercicio sexual. Sin embargo, su placer orgásmico está condicionado a cumplir previamente con la mayoría de los siguientes requisitos:

- **PAZ MENTAL.** No distraerse con pensamientos de preocupación, recuerdos negativos o dudas, estar convencida de que no corre peligro, que no está siendo obligada y que nadie se lo reprochará.

- **SEGURIDAD EMOCIONAL.** Sentir que no está siendo usada, que es amada, comprendida, valorada.

- **COMPAÑERO AMOROSO.** Tener a su lado a un hombre agradable y considerado que la conduzca poco a poco, sin prisas ni brusquedades, que sepa estimularla con delicadeza e interés *real*.

- **ENTREGA TOTAL.** Concentrarse en las sensaciones de su cuerpo y dejarse llevar por ellas sin inhibiciones.

13. RELACIÓN SEXUAL NO SATISFACTORIA

01. Ahora es fácil comprender por qué, en una violación, la mujer *no podrá* sentir el menor placer sexual y el hombre sí.

02. Muchas mujeres, aun casadas, manteniendo una vida sexual activa, tardan a veces semanas, meses y algunas incluso años antes de ver cumplidos los requisitos anteriores.

03. No es de extrañar que la aplastante mayoría de las relaciones sexuales prematrimoniales le resulte insatisfactoria a la chica y le provoque la sensación de haber sido usada.

14. DECIR "TE AMO"

01. Los hombres aprenden tarde o temprano que las mujeres son preponderantemente románticas y que poseen una enorme necesidad de amor.

02. **"Mi amor, te amo"** es la frase mágica que abre las puertas del erotismo femenino. Se usa mucho para el juego de intercambio. Ellas se sienten amadas, ellos obtienen placer.

15. SALIENDO DE LA CONFUSIÓN

01. En medio de la confusión, la persona se pregunta por qué hay quien envilece la sexualidad manejándola de forma tan "genital", rechaza la idea pero paradójicamente se siente atraída por el juego corporal. Finge amor o se deja engañar por quien lo hace.

02. La confusión suele terminar en embarazos no deseados, masturbación, aventuras rápidas, uso obsesivo de pornografía, disfunciones y enfermedades venéreas.

03. La salida menos dolorosa es la decepción. Lo mejor es pensar:
- *Las cosas no eran como yo creía.*
- *Hay mucha gente deshonesta en el aspecto sexual.*
- *Aquel que me prometió amor estaba fingiendo.*
- *Quien intentó abusar no ejercía su sexualidad sino actuaba dominado por instintos animales.*
- *Ese que manipula a otro a cambio de dinero o placer genital ha caído en una degradación a la que me está invitando.*
- *Con el tema del amor y la sexualidad se miente más que con ningún otro. Estoy profundamente decepcionado(a).*

CUESTIONARIO PARA REGISTRO (punto 5)

01. Según tu experiencia, ¿cómo presionan las amistades a un hombre o a una mujer para tener sexo?

02. ¿Cómo crees que sería la conducta de los seres humanos si los hombres menstruaran y las mujeres eyacularan?

03. Menciona los requisitos para que una mujer sienta un orgasmo.

04. ¿Qué tan fácilmente puede cubrir los requisitos una joven aventurera que acepta mantener relaciones sexuales con su novio?

05. ¿Cuáles crees que serían los requisitos para que un hombre experimente un orgasmo?

06. ¿Cuál es la ventaja de saber las diferencias hormonales entre hombre y mujer?

07. ¿Cómo influye la madurez mental en el trato sexual?

08. ¿Por qué practican el sexo prematrimonial los hombres y las mujeres?

09. ¿Por qué a veces las personas fingen amor?

10. Interpreta con tus propias palabras e ilustra con algún diagrama los párrafos del artículo 9.

11. ¿Qué ventajas y desventajas tiene para una mujer usar ropa y actitudes provocativas?

12. Explica lo que entiendes por sexualidad y genitalidad.

13. ¿Cuál es la mejor forma de salir de la confusión sexual?

14. Lee detenidamente los párrafos de este capítulo. Escribe los cinco que te hayan parecido más importantes.

TAREA (punto 6)

01. *Trabajo de investigación:* Explica y detalla con la ayuda de diagramas el proceso de gestación y alumbramiento.

❏

Dhamar organizaba una dinámica por equipos para contestar las preguntas del cuestionario cuando dos muchachos de cuerpo atlético se pusieron de pie y me enfrentaron agresivamente.

—No hay consultas personales hasta después de la sesión —comenté en forma casual.

Uno de ellos, alto y fornido, me miraba con evidente enfado. El más bajo temblaba.

—¿No tienen equipo? —insistí.

—Eres un imbécil —escupió el que temblaba.

—¿Perdón?

—¡Como lo oyes! —exclamó el alto—. Te crees muy listo viniendo a asustar a nuestras compañeras.

El más bajo me tomó fuertemente del brazo.

—Vamos afuera para platicar mejor.

Algunos muchachos del grupo se percataron de la agresión de sus dos compañeros. Dhamar no.

Me quité lentamente la mano del ofensor y caminé hacia la puerta. Salí del aula.

—Vamos.

—¿Adónde? —preguntó uno de los jóvenes al verme caminar por el pasillo.

—A la rectoría para que me expliquen sus inquietudes.

Se detuvieron.

—Te crees muy chistoso, ¿verdad?

—¿Acaso pretenden que nos liemos a golpes en la calle? Amigos, ustedes son estudiantes universitarios. Compórtense a la altura. Discutamos en la oficina qué los ofendió tanto.

—¡Ya vámonos! —urgió el alto, que parecía menos furioso.

—A ver —me acerqué—. ¿Por qué están enojados?

—¡Asustaste a nuestras amigas! Los hombres no vemos el sexo de forma tan sucia. ¡Acaban de secuestrar a una compañera del salón y estás diciéndole a todas las demás que esas cosas suceden porque los hombres somos "hormonales"! Generalizaste... No todos somos así...

Me quedé pensando. Tal vez tenían razón. En ese instante salió del aula una chica con paso rápido. Se detuvo al vernos en el pasillo. Me sorprendió la elocuencia y claridad de su lenguaje no verbal. Vio con ojos de acero a uno de los chicos, apretó la mandíbula, caminó despacio y pasó a nuestro lado dirigiéndome una mirada de agradecimiento. Lo comprendí todo de inmediato.

—Conque asusté a sus amigas... —subí el tono de voz—. Ahora entiendo *de qué forma*. En ese salón tienen una novia a la que estaban fingiendo amor para obtener favores sexuales...

Se mostraron impávidos. Uno de ellos intentó protestar:

—¿Cómo supones...?

—No nací ayer, jóvenes —lo interrumpí—. Si tratan de engañarme haciéndose los ofendidos se equivocaron de persona. Con el curso se les arruinó la actuación. Seguramente las chicas descubrieron su estrategia y van a pensarlo dos veces antes de creerles de nuevo.

Los jóvenes permanecieron callados, como un par de ladrones sorprendidos en flagrancia. Me alegré. La o las chicas seducidas por los atléticos galanes tenían el derecho de *saber* las artimañas del juego sexual.

—Nadie los obligó a tomar el curso —concluí—. Es un reto que aceptaron. Ahora sólo les quedan dos caminos: hablar con las muchachas para pedirles una disculpa e iniciar una amistad más transparente o... desaparecer de sus vidas y del curso...

No contestaron. Después de unos segundos, di la vuelta y me alejé sintiéndome como quien acaba de poner fuera de combate a los pillos que pretendían asaltarlo. Ya no entré al aula. Salí directo a mi oficina. Dhamar se quedó recopilando las hojas de registro.

Esa noche hallé a mi esposa con un gesto de total ansiedad.

—¿Pasa algo malo?

—Tenemos un pequeño problema.

—¿De qué se trata?

—Los padres de Sonia se enteraron de todo. Son personas muy estrictas. Confrontaron a su hija en forma violenta y ella huyó de su casa.

—¿No me digas que...?

Fue innecesario concluir la pregunta. Sonia se hallaba de pie, a unos metros de nosotros. Citlalli a su lado. Caminé hacia ellas.

—Buenas noches, señor.

—Hola, papá...

—¿Cómo están?

—Bien.

—¿Qué ocurre?

—Mis padres se encuentran muy enfadados —comentó la joven con voz trémula—. No tuve humor para aguantarlos... Quiero quedarme a dormir aquí unos días... Si usted me lo permite, claro.

Sentí que el enfado me subía lentamente a la cabeza.

—¿No tuviste humor para aguantarlos? Sonia, ¿sabes lo que sintieron al enterarse de las juergas en las que participabas? ¿Conoces la angustia que debió de producirles el riesgo que has corrido? ¡Es normal que se enfadaran! Yo no soy nadie para darte consejos, pero, si aún los amas, creo que debes regresar a tu casa y aceptar ese regaño que, por cierto, te ganaste a pulso.

La joven no contestó. Tomó una bolsa que estaba en el suelo y bordeó la mesa para salir sin despedirse.

—Espera —saltó Citlalli.

Su amiga no se detuvo.

—Papá, dile que se quede, que no tratas de correrla.

Permanecí callado viendo cómo se iba.

—¿Por qué la echaste, papá? ¡Ella confió en nosotros! ¡Está aterrada! ¡Siente que en cualquier momento el sujeto de la motocicleta volverá a buscarla para hacerle daño! Su padre le ha dado la espalda... Se encuentra en medio de una terrible *confusión*. Necesita ayuda. Te corresponde tenderle la mano. Hoy por la mañana se acercó a mí con lágrimas en los ojos para que te diera las gracias por el curso. No puedes decepcionarla así.

—Un momento —rebatí—, la llevamos con el jefe de la policía para que declarara, la orientamos y guardamos su secreto, pero no podemos encubrirla. Sonia debe regresar a su casa y enfrentar sus problemas. No he podido dormir pensando que en esa moto iban dos chicas y que ahora el pupitre de una está vacío... Si tratas de hablarme en los términos del curso, Sonia hace mucho que estuvo en la etapa de "confusión". Ha caído en "soledad nociva". Va a hoteles con desconocidos, ha abortado, ha probado de todo. Me dijiste que tú no eres *como ella*, pero si te involucras en su vida al grado de brindarle hospedaje y dormir a su lado terminarás siendo *como ella*.

—¡Exagerado! —exclamó Citlalli con una mezcla de furia e indignación—. No confías en mí. Me conoces muy poco. ¡Qué injusto eres! —se dio la vuelta y corrió hacia el interior de la casa.

Por un momento no supe qué hacer. Dhamar presenciaba en silencio la escena.

—Esa chica, Sonia, necesita ayuda psicológica —aventuró mi esposa.

—No lo dudo.

—Voy a mostrarte algo que descubrí. Sé que no es correcto, pero lo creo necesario —la seguí hasta el estudio—. Identifiqué la letra de la prueba inicial de Sonia —sacó un paquete de papeles del cajón—. Las hojas de registro de esa muchacha tienen la caligrafía idéntica a este examen anónimo que aplicamos al inicio del curso.

Me mostró los documentos. Verdaderamente la letra era igual. Leí algunas respuestas del examen introductorio de Sonia; eran cortas e incompletas:

Prostitución. El oficio secreto de todas las mujeres.
Aborto. Un derecho inalienable.
Pornografía. Dar a conocer lo que todo el mundo hace.
Matrimonio. Infierno disfrazado de paraíso.
Virginidad. Telilla que, al perderse, convierte a la mujer en porquería.
Homosexualidad. Una forma normal para expresar, a veces, el cariño.
Masturbación. El peor pecado, cuando se hace a solas.
Relaciones sexuales. Necesidad incomprendida de los jóvenes.

Interrumpí la lectura.

—¿Qué piensas? —preguntó Dhamar.

—Tienes razón. Necesita ayuda.

—Antes de que llegaras, Citlalli y yo platicamos con ella ampliamente. Le preguntamos por qué había ido a ese hotel con Magdalena.

—¿Y qué dijo?

—Titubeó mucho. Creo que ni ella misma lo sabía. Reconoció que necesitaba cambiar de vida, pero, *"¿se puede cambiar con tantas cicatrices del pasado?"*, nos preguntó. *"¿Saben cómo llegué hasta aquí? ¡Tuve relaciones con mi novio desde los catorce años de edad! Era una niña, me sentía muy sola, él me enseñó... y yo me dejé enseñar; a los diecisiete años conocí a Magdalena, una chica moderna y atrevida; no sólo me sentí reflejada con ella sino protegida por ella."* Entonces comenzó a hablar de aquel embarazo... Dijo que, cuando ocurrió, todo se le vino abajo. Su novio se lavó las manos, aprovechó una oportunidad que le ofrecían para estudiar en otra ciudad y se fue dejándola con el problema... Ella tenía diecisiete años. La idea de traer un hijo al mundo la aterraba. Suponía que su padre la mataría. Tenía verdadero pánico. La única persona que la ayudó a tranquilizarse fue Magdalena... Ella había abortado una vez...

—Dios mío —murmuré—. Ahora entiendo por qué Citlalli se enfureció tanto cuando dejé que Sonia se fuera.

—Sí. Estaba movida a compasión por ella... No te negaré que yo también. Somos mujeres, ¿entiendes?

—¿Por qué no le ofreces ayuda psicológica?

—Ya lo hice. Prometió ir a mi consultorio. Descubrí que la verdadera degradación de la chica proviene del choque emocional que le produjo el proceso de abortar. ¿Y sabes qué es lo más grave?

—¿Qué?

—Citlalli le preguntó qué haría *hoy* si volviera a quedar embarazada y no titubeó en contestar...

—Abortaría otra vez —supuse.

Mi esposa asintió, con una mirada triste.

Me felicité por no haber dejado quedarse a dormir a esa chica en nuestra casa. Bastante confundida se hallaba ya Citlalli con sus propios problemas para convivir con una compañera que se hallaba encerrada en un círculo vicioso de soledad nociva.

—A mí me toca impartir los próximos dos temas del curso —comentó Dhamar—. Siento una enorme responsabilidad. Voy a hablar de embarazo prematuro. El material es fuerte, tal vez Sonia se sienta agredida.

—Pero le servirá oírlo. Ojalá no falte —dije con la vista perdida. En realidad pensaba en Citlalli.

TEMA 4
Embarazo no deseado

01. Primera parte de la sesión: **Área biológica**. Exposición *breve* por parte de los alumnos del trabajo de investigación sobre "gestación y alumbramiento". Entrega de trabajos.

02. Segunda parte de la sesión: **Área conductual**. Exposición de posibles decisiones a adoptar, una vez que se ha caído en el problema de embarazo no deseado.

1. DIAGRAMAS DEL TEMA

01. Se origina en una etapa de confusión sexual que a su vez puede provenir de un mal noviazgo o de una soledad nociva. Siempre conduce a decepción.

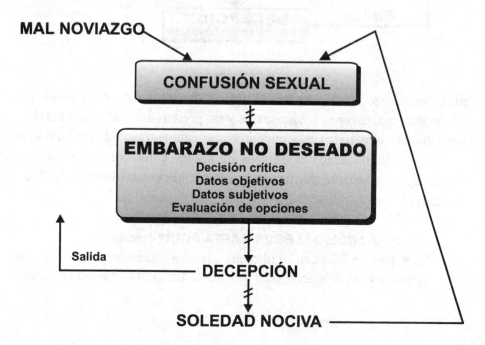

MAL NOVIAZGO

CONFUSIÓN SEXUAL

EMBARAZO NO DESEADO
Decisión crítica
Datos objetivos
Datos subjetivos
Evaluación de opciones

Salida

DECEPCIÓN

SOLEDAD NOCIVA

02. Ningún joven, hombre o mujer, está completamente exento de enfrentarse prematuramente a la paternidad. Lo importante de estudiar el tema es reflexionar sobre las *decisiones que* **podrían** *adoptarse.*

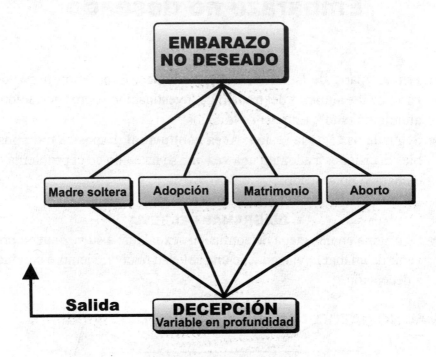

2. DEFINICIÓN

01. El embarazo no deseado es la noticia de una futura paternidad que reciben dos jóvenes indispuestos y no preparados para enfrentarla.

02. Aunque los métodos anticonceptivos se encuentran en la actualidad al alcance de todos, los embarazos de adolescentes continúan aumentando. La aplastante mayoría de madres solteras son menores de diecinueve años.[1]

3. ¿CÓMO LLEGUÉ HASTA AQUÍ? (Lectura)

Rosa parecía feliz con su libertad. Llevaba seis meses sin novio y no estaba segura de querer otro de nuevo. En la universidad la preten-

---

[1] Josh McDowell y Dick Day, *op. cit.*

dían dos chicos. Se sentía ligeramente atraída por ambos. Después de mucho pensarlo, rechazó a Pedro y se decidió por Luis. Luis resultó muy apasionado. Ella pensó en poner reglas sexuales, pero no quiso o no supo hacerlo. La relación avanzó a pasos agigantados. Tuvo la opción de pedirle a su novio que llevara las cosas con más calma aunque decidió no decidir y dejó que todo siguiera su curso. Un día se le presentó la oportunidad de acostarse con él. Sintió miedo y logró persuadirlo para que se detuviera. Pensó asesorarse leyendo algún libro o charlando con alguien. Trató de buscar a una persona experta. No sabía si era mejor ir con un doctor o con una amiga casada. Finalmente eligió a la amiga, quien le platicó sobre los diferentes métodos anticonceptivos. Sin pensarlo mucho decidió usar diafragma. Tuvo relaciones sexuales con Luis y se embarazó. Ahora debe decidir qué hacer con el bebé que vive en su vientre. No deja de preguntarse cómo llegó hasta este punto.

4. LOS INTRINCADOS CAMINOS DEL DESTINO

01. El sendero de un ser humano presenta cientos de divisiones. En cada cruce es necesario elegir una ruta. El camino elegido conducirá a una nueva bifurcación donde debe decidirse de nuevo el rumbo.

02. La vida es como una partida de ajedrez: se realizan muchos movimientos aparentemente sin importancia. Cuando el rey está en peligro, las jugadas se vuelven más críticas. La posición de nuestras piezas en el tablero de la vida nunca será producto de la mala suerte, sino de la forma en que hemos conducido la partida.

03. El destino no existe. Las circunstancias que se viven son producto del conjunto de decisiones que se han tomado.

5. EVALUACIÓN DE DECISIONES PASADAS

01. Con una sola decisión diferente, el futuro de Rosa hubiera cambiado. En su partida de ajedrez, ella tiene un jaque al rey. Es sano anotar los movimientos de las piezas para estudiar por qué se llegó a determinado resultado.

02. Completa el cuadro de la página siguiente anotando a la derecha sus decisiones.

Disyuntivas a las que se enfrentó	Decisiones que adoptó
1. Elegir tener o no novio ⇒	Eligió que sí
2. Elegir entre dos pretendientes ⇒	
3. Elegir poner reglas en su noviazgo sobre las caricias sexuales ⇒	
4. Elegir cuándo detener el avance de las caricias ⇒	
5. Elegir consumar o detener una relación sexual inminente ⇒	
6. Elegir alguna manera de asesorarse ⇒	
7. Elegir a quién acudir ⇒	
8. Elegir el método anticonceptivo ⇒	
9. Elegir en qué momento tener relaciones sexuales con su novio ⇒	
10. Elegir qué hacer con su bebé ⇒	

6. LA CLAVE DEL ÉXITO EN UNA FRASE

01. El éxito en la vida es directamente proporcional a la capacidad para adoptar las mejores decisiones en los momentos precisos.

02. Aprender ciencia, arte, cultura, moral o urbanidad es intrínsecamente inútil. Los conocimientos no sirven para nada por sí mismos. Sólo cobran valor cuando se utilizan como herramientas para *decidir bien.*

03. Diariamente debemos enfrentar cientos de elecciones. Triunfar o fracasar depende de lo acertadas o erróneas que éstas sean.

7. "JAQUE AL REY"

01. Las decisiones más difíciles de adoptar son aquellas que poseen implícito un estilo de vida para varios años: *casarse, divorciarse, cambiar de empleo, mudarse de ciudad, elegir carrera, tener un hijo...*

02. Un "jaque al rey" es el momento crítico de una decisión difícil. Requiere toda nuestra atención y cuidado. Un simple NO o un simple SÍ puede tener repercusiones radicales.

8. ESCRIBIR TODAS LAS OPCIONES

01. Para decidir mejor, es conveniente seguir un sistema estructurado. Rosa debe anotar y organizar todas las ideas que le vengan a la cabeza. Al final, tal vez el cuadro sea similar al siguiente:

OPCIÓN PRINCIPAL	ACCIÓN CONCRETA
MADRE SOLTERA	1. *Independizarme. Trabajar y dejar al bebé en una guardería* 2. *Pedirle a mi madre que lo cuide mientras sigo estudiando* 3. *Registrarlo como hijo de mis padres. Fingirme su hermana*
ADOPCIÓN	4. *Entregarlo a una agencia y elegir a sus padres adoptivos* 5. *Darlo a un orfanato para que sea posteriormente adoptado* 6. *Abandonarlo en un sitio público*
MATRIMONIO	7. *Obligar a Luis. Pedir a mis padres que presionen a los suyos* 8. *Convencer a Luis. Hacerlo sentir culpable y responsable* 9. *Acostarme con Pedro. Decirle que el hijo es suyo. Casarme con él*
ABORTAR	10. *Viajar a un lugar donde el aborto sea legal* 11. *Buscar un médico abortista ilegal que sea seguro* 12. *Inducirme yo misma el aborto*

9. HERRAMIENTAS PARA EVALUAR

01. INFORMARSE. Consultar libros, revistas, periódicos, documentos fílmicos, internet, acudir a médicos o consejeros, realizar presupuestos económicos, planear tiempos y buscar el testimonio de alguien que haya recorrido ese camino. *Los **datos** obtenidos por este medio se llaman **objetivos** (DO).*

02. VISUALIZAR. Orar. Escuchar la voz interior, con la imaginación construir una película mental en la que el protagonista principal sea uno mismo y muestre con exactitud cómo sería la vida al adoptar cada decisión. Al visualizar, es necesario prever trabajos, dolores, tristezas, alegrías o satisfacciones que se enfrentarán al dar ese paso. *Los **datos** obtenidos por este medio se llaman **subjetivos** (DS).*

10. EJEMPLOS DE EVALUACIONES

01. Son doce las acciones concretas que evaluar. A continuación se ejemplifican datos objetivos *(DO)* y datos subjetivos *(DS)* para las opciones 1, 6 y 10:

Opción 1: Madre soltera

01. *Por información (DO).* Según libros al respecto, las madres solteras han sido históricamente denigradas. Eran apartadas del pueblo, humilladas, y sus hijos crecían marginados. En la actualidad, esa postura sólo se mantiene entre personas ignorantes. Las madres solteras necesitan enfrentar el duelo de una profunda decepción amorosa, el acoso sexual de muchos hombres y la escasez de pretendientes serios; deben trabajar para mantener a su hijo; les queda poco tiempo para estudiar, divertirse o viajar. Con frecuencia multiplican su fuerza de carácter, se vuelven más maduras, inteligentes, perseverantes y adaptables; aprenden a valorar la vida, a defender las cosas importantes, y adquieren una mayor capacidad para amar.

02. *Por visualización (DS).* *"He imaginado todos los detalles y, aunque me parece un camino correcto, no sé si posea la fortaleza para recorrerlo. Al principio me sentiría inhibida y avergonzada, pero después lo superaría. Dejaría de estudiar temporalmente. Podría trabajar sin ningún problema como operadora de computadoras. Pondría al niño en la guardería del Seguro Social por las mañanas y conviviría con él por las tardes. Me convertiría en una mujer adulta e independiente en poco tiempo. Sería un reto interesante. La idea me agrada y mi hijo lo merece, pero es un cambio tan radical de vida que me da miedo."*

Opción 6: Abandonar al bebé

01. *Por información (DO).* Abandonar a un bebé en un lugar público es un delito. Constituye un atentado contra la vida del niño, se le somete a un grave riesgo de daños físicos y mentales. Nunca se sabe si será encontrado a tiempo, o si las personas que lo encuentren seguirán los cursos legales para su atención.

02. *Por visualización (DS).* *"Me parece una opción absurda. Necesitaría ser una madre sumamente cruel o ignorante para tirar al niño como si fuese basura. No lo haría ni con un animal. La idea es ridícula y totalmente improcedente."*

Opción 10: Aborto (DO-1). ¿Qué es?

01. El aborto es la interrupción deliberada del embarazo. La mayoría de los abortos se realiza entre la sexta y la decimosegunda semana de gestación. Los siguientes son datos objetivos sobre lo que se está interrumpiendo exactamente:

02. *Entre las primeras cuatro semanas* de edad embrionaria, el corazón de un feto comienza a latir, se forman los ojos, el cerebro, los pulmones, la columna vertebral, el estómago, el hígado y los riñones. *En la cuarta semana* se forman brazos y piernas, el cráneo y la espina dorsal se encuentran en proceso. *En la quinta semana* las extremidades tienen dedos, los ojos pueden ver, los oídos pueden escuchar. *En la octava semana* el bebé responde a las cosquillas, el cerebro está completo, los dedos de las manos muestran sus huellas digitales definitivas. *A los tres meses* todos los sistemas del bebé funcionan sincronizadamente, los músculos y los nervios están ilados, los brazos y las piernas se mueven. Es un ser humano completo. Sólo le falta crecer.

03. El feto, cuando es extraído quirúrgicamente, suele luchar por sobrevivir durante dos o tres horas, a menos que, como ocurre con frecuencia, el "médico" lo ahogue o asfixie para usarlo en estudios o experimentos.[2]

04. La medicina moderna cuenta con recursos sofisticados con los que ha penetrado hasta el mundo del embrión y entiende a ciencia cierta que se trata de un ser humano cuyo corazón late, poseedor de ondas cerebrales como las de cualquier individuo pensante, capaz de dormir, soñar y estar despierto, de sentir dolor físico y reaccionar con emociones de tristeza, alegría, angustia o ira.

05. La tecnología médica permite, en la actualidad, proporcionar tratamiento con antibióticos, realizar pequeñas cirugías e incluso cambiar la sangre de un bebé en gestación. En estricto derecho, se trata de un paciente más, diferente a la mamá, y la ética elemental dicta al médico preservar la vida de todos sus pacientes.[3]

06. Los gobiernos invierten millones de dólares en salvar a los enfermos de SIDA o en descubrir nuevos medicamentos, pero siguen permitiendo el aborto. Éste ha matado más personas que todas las guerras, ha

---

[2] Caio Fabio d'Araújo Filho, *El aborto*, Vida, Miami, Florida, 1989.

[3] Referido por C. C. S., *Juventud en éxtasis*, Ediciones Selectas Diamante, México, 1994, basado en la película *Un grito silencioso*.

cobrado más vidas que el cáncer, la droga o cualquier epidemia sufrida por la raza humana. Lo increíble es que nadie organiza una represión clara para acabar con este mal.

Opción 10: Aborto (DO-2). *El grito silencioso* (Lectura[4])

01. Análisis de una película real, filmada con la ayuda de modernos aparatos durante la práctica de un aborto por succión:

El feto flota en su ambiente acuoso, juguetea con el cordón umbilical y luego se lleva el pulgar a la boca. Succionando su dedo, traga un poco de líquido amniótico. Le sobreviene un ataque de hipo. Siente la mano de su madre que soba el vientre. Patea la mano. Nota cómo ella le devuelve el golpecito y vuelve a patear. Al poco rato pierde interés en el juego y se queda dormido. El abortista coloca el espéculo en la vagina de la mujer. Inserta el tenáculo y lo fija. Mide con una sonda la profundidad del cuello uterino y aplica los dilatadores hasta que el camino está listo para introducir el tubo succionador. En la pantalla ultrasónica se ve el feto moverse normalmente, sereno; su corazón late a ciento cuarenta por minuto; está dormido, chupándose el pulgar de la mano izquierda. Repentinamente despierta con una simultánea descarga de adrenalina. Ha percibido algo extraño. Se queda quieto, como si se agudizaran sus sentidos para entender lo que está sucediendo fuera. El aparato ultrasónico capta la imagen de la manguera succionadora abriéndose paso a través del cuello con movimientos oscilantes, hasta que se detiene tocando la bolsa amniótica. Entonces la presión negativa de cincuenta y cinco milímetros de mercurio rompe la membrana de las aguas y el líquido, donde flotaba el niño, comienza a salir. En ese preciso instante el pequeño comienza a llorar. Pero su llanto no puede oírse en el exterior. Inicia giros rápidos tratando de huir de eso extraño que amenaza con destruirlo. Su ritmo cardiaco sobrepasa los doscientos latidos por minuto; sigue llorando, su boca se mueve dramáticamente y hay un momento en que queda totalmente abierta. Los aparatos detectan un grito que nadie puede escuchar. Los violentos movimientos del producto provocan que cons-

---

[4] Tomado de *Juventud en éxtasis*, sobre la filmación realizada por American Portrait Films International y el doctor Bernard N. Nathanson.

tantemente se salga de foco. Puede observarse a la perfección la forma en que trata de escapar, convulsionándose para evitar el contacto con el tubo letal, pero su espacio es reducido y el agresor lleva todas las de ganar. Finalmente la punta de succión se adhiere a una de sus piernitas y ésta es desprendida de un tajo. Mutilado, sigue moviéndose cada vez con menor rapidez en un medio antes líquido y ahora seco. La punta del aspirador nuevamente trata de alcanzarlo; los médicos la introducen buscando a ciegas; les da lo mismo arrancar otra pierna, un brazo o parte del tronco; para el asesinato en sí no existe ningún procedimiento técnico. El producto sigue llorando en una agonía impresionante. El tubo vuelve a alcanzarlo, esta vez enganchándose en un bracito que también es desprendido. Negándose a morir, el cuerpecito desgarrado sigue sacudiéndose. La manguera succiona el tronco tratando de arrancarlo de la cabeza. Al fin lo logra. El desmembramiento es total.

Entre el abortista y el anestesista se utiliza un lenguaje en clave para ocultar la triste realidad de lo que está sucediendo. "¿Ya salió el número uno?", pregunta el anestesista refiriéndose a la cabeza. Ésta es demasiado grande para ser succionada por la manguera, de modo que el abortista introduce los llamados fórceps de pólipo en la madre. Sujeta el cráneo del pequeño y lo aplasta usando las poderosas pinzas. La cabeza, con todo su contenido, explota como una nuez y los restos son extraídos minuciosamente. El recipiente del succionador termina de llenarse con los últimos fragmentos de sangre, hueso y tejido humano.

Opción 10: Aborto (DO-3). Evitar sufrimientos al niño

01. Una mujer tuberculosa con serios daños pulmonares se embarazó por quinta ocasión. Vivía en condiciones de miseria, su esposo alcohólico, desempleado, sifilítico en tercer grado. Su primer hijo nació ciego, el segundo murió y los otros dos padecían también tuberculosis. A este quinto le esperaba un hogar disfuncional, dolor, enfermedades y miseria. ¿No sería más justo para el bebé evitar su nacimiento? La respuesta más obvia sería que sí. Por fortuna, la mujer no abortó. Si así hubiese sucedido, la humanidad jamás hubiera podido escuchar la música de Ludwig van Beethoven, pues ésas fueron las condiciones de su nacimiento.

02. Cuando una madre decide abortar no piensa en evitar sufrimiento a su hijo sino en evitárselo a sí misma.

03. La metáfora más cercana del aborto sería la historia de una mujer que recibe el telegrama de su hijo radicado en el extranjero avisándole que pronto llegará para instalarse definitivamente junto a ella. La noticia le causa una gran incomodidad pues el chico le quitará espacio y libertad. Racionaliza que su hijo sufrirá mucho si llega, así que contrata a un asesino a sueldo para que lo mate antes de que se apersone.

Opción10: Aborto. Evaluación por visualización (DS)

01. *"Se necesitaría estar loco para actuar como lo hizo la mujer del punto anterior; sin embargo, millones lo hacen todos los años y a nadie le asombra. Ahora sé qué es (objetivamente) un aborto. He imaginado todos los detalles: tendría que someterme a una intervención quirúrgica en la que los médicos extraerían de mi cuerpo a un pequeño ser vivo, hijo mío pero diferente a mí. Trataría de pretender que es sólo un quiste o un tumor, pero al ver correr y jugar a niños cerca recordaría 'el quiste' a quien no quise brindar la oportunidad de jugar y correr. Entonces procuraría olvidar distrayéndome con muchas actividades. No me importaría beber más alcohol, desvelarme en discotecas, bares y fiestas. Querría convivir con amigos. No tendría nada que perder. Haría el amor con cualquier chico siempre que fuera posible. Me uniría a algún grupo de feministas para racionalizar con ellas lo positivo del aborto. Me alejaría de mi parte espiritual. En la soledad de mi habitación tendría que tomar alguna pastilla para dormir y evitar así la imagen mental del bebé que en alguna ocasión pude sentir vivo dentro de mí y que ya no siento."*

11. LA OPCIÓN MÁS COBARDE Y LA MÁS VALIENTE

01. Enfrentar una maternidad prematura siempre conllevará problemas, trabajo y momentos difíciles. A toda costa conviene evitarla; sin embargo, una vez en ella, existen algunas opciones mejores que otras.

02. Al abortar no se le brinda al pequeño ni una sola posibilidad de salvarse. Abortar es peor que tirar a un hijo a la basura, pues en este último caso tan siquiera se le da la oportunidad de vivir si alguien lo encuentra. Abortar resulta la opción más cobarde.

03. Ser madre soltera, por el contrario, significa salvar la vida a un bebé y hacerse responsable de él, a pesar del enorme sacrificio personal que eso conlleva (discriminación, acoso sexual, pérdida de reputación, condolencias y rechazo social). La madre soltera pone en alto el valor de la mujer, debe ser felicitada por su valentía y su hijo sentirse infinitamente agradecido porque ella prefirió darle *todo* en vez de matarlo. Sin ninguna duda, es la opción más valiente.

04. Lo injusto de los seres humanos es que muchas mujeres abortistas tienen decenas de pretendientes, mientras las mujeres verdaderamente valiosas están solas.

HOJA DE REGISTRO (punto 7)

01. ¿Cuál es la clave del éxito en la vida?

02. ¿Cuál es la utilidad real de la ciencia, la cultura y la urbanidad?

03. ¿Cómo definirías la palabra "DESTINO"?

04. Elabora un cuadro de "opciones principales" y "acciones concretas" para Luis, el novio de Rosa, al momento de enterarse de que su novia está embarazada, similares a las opciones de ella expuestas en el artículo 8.

05. ¿Cuál es la diferencia entre informarse y visualizar?

06. Comenta la historia de alguna madre soltera a quien conozcas y la problemática que ha enfrentado.

07. Elige los cinco párrafos que consideres más importantes de esta sesión. Escríbelos en tu carpeta de párrafos preferidos.

TAREA (punto 8)
(Realización por equipos, entrega individual)

01. De las doce acciones concretas, hemos analizado la 1, 6 y 10. Evalúa objetiva y subjetivamente las nueve restantes.

02. Realiza una investigación de todos los métodos anticonceptivos que existen, su utilización, indicaciones, funcionamiento dentro del organismo, ventajas y desventajas. Resalta los métodos microabortivos.

03. Investiga los procedimientos para dar en adopción a un bebé en tu ciudad.

04. Con la ayuda del libro *Juventud en éxtasis* contesta:

a) ¿Quién es el narrador de la película *Un grito silencioso*, cuáles son sus antecedentes y a qué se dedica en la actualidad?

b) ¿Quién era la mujer que permitió que la filmaran, quién era el médico que practicó la operación y qué les sucedió después de ver la película?

c) ¿Cuántos abortos se practicaban en Estados Unidos antes de la legalización y cuántos diez años después?

d) ¿Cómo actúa la mafia del aborto? ¿Cuánto se cobra por un aborto? ¿Qué alcances tiene esa empresa?

❑

Dhamar impartió el tema. Yo no pude acompañarla. Comentábamos esa noche, mientras cenábamos alrededor de la mesa de la cocina, que, cuando se expusieron los datos sobre el aborto, Sonia bajó la cabeza y trató inútilmente de disimular un ligero llanto, quizá reviviendo la sensación de haber tenido un bebé en su vientre y de haberle negado la vida. Fue duro, pero Dhamar se mantuvo firme pues creía que parte de la recuperación de un duelo es enfrentar el dolor y llorar abiertamente la pérdida. Algunos compañeros no lo entendieron así y observaron a mi esposa reclamándole con su seriedad haber puesto tanto énfasis en la explicación del texto.

—Si seguimos ganándonos enemigos —comenté recordando la agresión de los dos jóvenes—, nos van a obligar a suspender el curso.

—No lo dudo —suspiró Dhamar.

Sonó el teléfono. Contestó Citlalli. La vimos palidecer mientras escuchaba a su interlocutor. Supuse que se trataba de una amenaza. Me apresuré a ir a la extensión de la sala para descolgar y oír la conversación, pero cuando llegué ya habían colgado.

Regresé a la cocina.

—¿Quién era?

—Lucio, el hijo de la directora. Habló para informarme que encontraron la ropa de Magdalena escondida en el falso plafón de la habitación del hotel.

—¿El tipo de la moto la sacó de ahí desnuda? —pregunté—. ¿Cómo?

—Parece que telefoneó a unos amigos y llegaron varios jóvenes en un coche. Eso dice el encargado del hotel. Tal vez la vistieron con otra ropa o la envolvieron en una cobija o... no sé. Siguen investigando.

—Así que se trata de varios jóvenes... —razonó Dhamar.

Los tres nos quedamos con la vista perdida en un largo silencio.

—¿Qué pasó con Sonia? —pregunté después.

—Regresó a su casa... Papá, perdóname. Me comporté como una tonta anoche...

—Sólo defendías a tu amiga.

Se puso de pie. Me abrazó, luego abrazó a Dhamar. Se despidió y fue a su habitación. Mi esposa y yo la vimos alejarse por el pasillo. Intenté tranquilizarme pero no lo logré. Después de un rato me incorporé para ir a verla. Abrí la puerta sigilosamente y encendí la luz. Como temía, estaba despierta, llorando.

—¿Qué te ocurre, hija?

—Tenías razón, papá. Hoy me enteré de que Sonia es un tanto lesbiana. Bisexual, para ser más precisa. Era compañera de juegos íntimos de Magdalena y les gustaba invitar a un hombre a sus prácticas... Estuvo bien que no permitieras que se quedara aquí.

Le acaricié la cabeza y le pedí que se calmara. Recordé el examen introductorio de Sonia:

Homosexualidad. Una forma normal *para expresar, a veces, el cariño.*
Masturbación. El peor pecado, cuando se hace a solas.

—Papá, ¿recuerdas que cuando era niña me costaba mucho trabajo dormirme? Todas las noches me contabas un cuento o rezabas conmigo una oración.

Le acaricié la frente. Aunque era una mujer, seguía siendo mi niña.

Tomé su mano, cerré los ojos y comencé a orar en voz alta. Le pedí a Dios una bendición especial para ella, que la protegiera, que le concediera paz interior; recé por Magdalena, dondequiera que estuviera, por Sonia y por sus padres. Cuando terminé, abrí los ojos y me encontré con la mirada desamparada de mi pequeña.

—Papá, no entiendo por qué Juan Carlos me trató así.

—Descansa, hija.

—¿Fue porque acepté tener relaciones sexuales con él? Me dijo que me amaba. Muchas veces me lo demostró. Yo también lo amaba...

Sentí que se me partía el corazón.

—Juan Carlos sólo te deseaba.

—Hablé con él por teléfono.

Me hice hacia atrás para mirarla.

—¿No habíamos quedado en que...?

—Sí —me interrumpió—, pero necesitaba pedirle que me enviara mis cosas. Fotografías, cartas, regalos... Estoy profundamente decepcionada. No quiero verlo nunca más, pero siento un intenso dolor al pensar en que no lo veré otra vez. Estoy tan sola... soy tan miserable... Lo quise de verdad... —me miró a la cara con ojos cristalizados—. Pero me mata pensar que le di demasiado, ¿me entiendes?

Puse una mano sobre su brazo. A mí también me mataba.

—Algún día encontrarás al hombre adecuado.

—¿Y crees que me ame? ¿A pesar de mi pasado?

—¡Por favor, hija! No tienes nada de qué avergonzarte.

Me abrazó.

Los poros de su piel emanaban un claro resuello de tristeza.

¡Cómo quisiéramos a veces evitar el sufrimiento de nuestros seres amados! ¡Cuántos no estaríamos dispuestos a intercambiar con ellos su lugar cuando los vemos llorar! Qué paradójica es la vida: la mejor manera de crecer es cayéndose y la más útil forma de ayudar a alguien es únicamente acompañándolo mientras se levanta.

Salí del cuarto con el ánimo hecho pedazos. Dhamar se encontraba en el estudio.

—Tu especialidad de psicóloga es restaurar el ánimo de personas en proceso de duelo —le recordé—. Tu hija te necesita ahora.

—Lo sé —confirmó poniéndose de pie—, pero supuse que querías hablar a solas con ella.

—Sí —tomé asiento llevándome las manos a la cabeza—. Muchas gracias...

A Dhamar le correspondía al día siguiente exponer el tema "Decepción"; sin embargo, yo deseaba estar en primera fila para escuchar el énfasis de una experta sobre cómo salir de esa coyuntura y cómo ayudar a salir a las personas que amaba...

TEMA 5
Decepción

1. DIAGRAMA DEL TEMA

01. Las vivencias de amor y sexualidad nos llevan con mucha frecuencia a la decepción, estado que, si se resuelve bien, puede conducirnos a una espera edificante pero, si se resuelve mal, nos arrastrará a la soledad nociva. En este último caso, las crisis depresivas por decepción pueden convertirse en recurrentes.

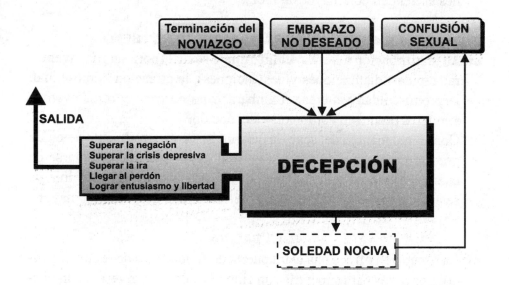

2. DEFINICIÓN

01. La decepción constituye un desengaño de personas o actividades en las que se habían cifrado esperanzas de felicidad.

02. Provoca depresión, constituye una etapa crítica en la que se daña la autoestima por los efectos del descalabro.

3. DECEPCIÓN POR RUPTURA AMOROSA

01. Imaginemos que la pareja camina por un largo puente colgante. Éste puede ser sólido o endeble; representa el vínculo afectivo, capaz de romperse en cualquiera de las cuatro etapas (enamoramiento, conocimiento, compromiso o intimidad).

02. Cuanto más avanzada se encuentre la relación, el precipicio debajo del puente será mayor y, por consecuencia, la caída más dolorosa.

03. Si hubo relaciones sexuales (háyanse vivido o no las etapas completas), la caída es muy semejante a un divorcio.

04. Por fortuna, siempre existe un sendero de ascenso hacia la cima. Cuanto más honda la caída, más larga y escarpada será la ruta de ascenso.

05. Trabajando de forma sistemática, según la escala Fisher de adaptación al divorcio,[1] cuando se producen rupturas graves, las personas pueden recuperarse en un lapso de uno a dos años (aunque hay quienes ascienden con mayor rapidez).

4. DECEPCIÓN POR MAL MANEJO DEL SEXO

01. La masturbación adictiva, el libertinaje sexual (pornografía, aventuras rápidas, disfunciones y desviaciones), la atracción homosexual, la promiscuidad venérea, el embarazo no deseado y otros eventos similares producen confusión y decepción.

02. Con el mal manejo del sexo, la persona se ve eventualmente detenida por un mecanismo de defensa natural que le permite percatarse de cuánto ha caído. Es un momento de pausa en el que puede decidir, ya sea un cambio de conducta para mejorar o una degradación mayor.

5. LA SALIDA

01. La decepción ofrece una clara puerta de salida antes de seguir cayendo. Los pasos para superarla son cinco.[2] Cada uno representa un obstáculo que franquear. Las etapas deben vivirse intensamente, pero sin permanecer en ellas más tiempo del necesario.

02. Estos cinco peldaños de recuperación pueden servir para sobrepo-

---

[1] Bruce Fisher, *Cómo rehacer tu vida cuando una relación termina*, Pax, México, 1991.
[2] Inspirados en la teoría de Elizabeth Kubler Ross, citada en *ibid.*

nerse de cualquier tipo de quebranto emocional (viudez, divorcio, fallecimiento de un hijo, violación, despido, desahucio, etcétera).

6. PRIMERO: SUPERAR LA NEGACIÓN

01. La negación es el bloqueo psicológico experimentado ante circunstancias sorpresivas indeseables.

02. Quien se enfrenta al cadáver de un ser querido suele gritar desesperado: "¡No, no, no; no puede ser, esto es mentira, es una alucinación, simplemente no puede estar sucediendo!" El promiscuo se niega a aceptar su degradación, el enfermo de SIDA cree estar soñando, la chica embarazada espera que todo sea un error, el divorciado supone que la unión va a restaurarse de un momento a otro.

03. La negación es una etapa normal que debe ser superada lo más rápidamente posible. Esto se logra haciéndole frente a la verdad: *Las cosas son así. Todo terminó. No hay marcha atrás. Es necesario aceptar la pérdida, como si se tratara de un ser amado cuyo cuerpo ha sido depositado en el ataúd.*

7. SEGUNDO: SUPERAR LA CRISIS DEPRESIVA

01. Al abandonar la negación, la persona "se viste" de luto; hace pública su tragedia, se debilita, enferma, llora; la embargan sentimientos de culpa y temor. Piensa que nunca va a recuperarse del golpe.

02. Hay quien suele pasar mucho tiempo deprimido. Algunos encuentran cierto placer en el sufrimiento y cierto sufrimiento en el placer. "Dios ha puesto tan cerca la alegría del dolor que muchas veces lloramos de alegría; sentirse víctima puede ser muy agradable."[3]

03. La depresión es un piso resbaladizo. Nos hace caer en el alcohol, drogas o amoríos.

04. Quienes caen arrastran a otros deprimidos a su caída. Los homosexuales reclutan jovencitos, los seductores conquistan, los pervertidos inducen vicios. El deprimido es como una paloma herida en descampado: vulnerable y fácil de agarrar (con las garras).

05. Por más grande que sea la tentación de una fuga o de un nuevo ro-

---

[3] Concepto de Aurora Dupin, citado en *ibid.*

mance para olvidar, *debe evitarse a toda costa,* so pena de caer en una degradación psicológica y sexual de la que será mucho más difícil recuperarse.

06. Para superar la depresión se requiere *vivir* el dolor sin evasiones, lamentarse a solas, *no reprimir el llanto*: es conveniente llorar hasta que se sequen las lágrimas y se logre el completo desahogo.

8. TERCERO: SUPERAR LA IRA

01. Como reacción natural, cuando el decepcionado deja de compadecerse, comienza a sentir enojo. "Mi ex esposo dejó de ser un gran hombre para pasar a ser *ese cerdo con el que me casé.*"[4] Fisher asegura que la ira provoca "diarrea verbal". Muchas canciones populares y libros sexistas muestran una diarrea verbal crónica.

02. La ira es un reflejo sano de todo ser humano que ha sufrido; es fuego que quema repentinamente al deprimido y lo sacude de su sopor; es indicio de que ha comenzado la recuperación de la dignidad.

03. Es correcto enfadarse con los demás, consigo mismo y hasta con Dios; sin embargo, el fuego de la ira debe consumirse hasta las cenizas del perdón.

04. Cuando no se consume por completo o se encauza mal, puede originar graves estragos. Se sabe de personas que han calumniado, golpeado e incluso asesinado durante esta etapa.

05. Para superar la ira, es necesario sacar todo el coraje, decir cuantas pestes y maldiciones sea preciso, escribir, hablar a solas o con alguien de suma confianza. Especialmente, debe realizarse un nuevo plan de ejercicio físico forzado, trabajar más y corregir enérgicamente los objetivos personales.

9. CUARTO: LLEGAR AL PERDÓN

01. El perdón verdadero son las cenizas de la ira extinta.

02. Se perdona cuando ya no se recrimina a nadie ni se siente rencor; cuando se recuerda el ayer con nostalgia pero sin tratar de encontrar culpables.

---

[4] Rosaura Rodríguez, *Bienvenida al Club*, Diana, México.

03. El perdón es la aceptación pacífica de los hechos, la conciencia de que todo lo ocurrido nos ha dado mayor madurez, la renovación del amor propio y del amor a Dios.

04. Una persona que ha sufrido decepción amorosa, al perdonar, es capaz de bendecir a su ex amante, brindarle ayuda desinteresada si la necesita y desearle sinceramente lo mejor en su vida.

10. QUINTO: LOGRAR ENTUSIASMO Y LIBERTAD

01. Regresa la sonrisa al rostro. La persona asume el control total de su tiempo, se vuelve fuerte, autónoma, jovial.

02. Una prueba inequívoca de que se ha llegado a esta etapa es encontrarse de frente con la persona o circunstancia que ocasionó la caída y no sentir la menor exaltación. Sonreír, pero sin percibir que el corazón late más rápido ni que el sistema nervioso registra la más mínima emoción.

03. El entusiasmo y la libertad conducen a la soledad edificante en la que ya no hay dependencia de nadie. La persona es responsable de sí misma y puede vivir sin ninguna atadura emocional. No se encuentra a la caza desesperada de un compañero; ha encontrado un sentido trascendente en su vida.

11. ENAMORARSE DE LA PERSONA EQUIVOCADA

01. Las decepciones (amorosas) son comunes porque muchos viven idealizando y errando. Niegan, se deprimen, se enojan, perdonan y vuelven a enamorarse sin alcanzar nunca la libertad.

02. Sor Juana Inés de la Cruz lo explica mejor que nadie:

Feliciano me adora y le aborrezco;
Lisardo me aborrece y yo le adoro;
por quien no me apetece ingrato, lloro,
y al que me llora tierno, no apetezco.

Al que ingrato me deja, busco amante;
al que amante me sigue, dejo ingrata;

constante adoro a quien mi amor maltrata;
maltrato a quien mi amor busca constante.

Al que trato de amor, hallo diamante,
y soy diamante al que de amor me trata;
triunfante quiero ver al que me mata,
y mato al que me quiere ver triunfante.

12. PARA NO EQUIVOCARSE

Un consejero matrimonial le decía a cierto decepcionado crónico:

01. Puedes enlistar todas las cualidades importantes que debería tener la pareja de tu vida. Independientemente del color de piel, ojos, estatura, cabello, profesión, carácter, religión o hábitos que te gustaría que tuviera, un punto es básico e imprescindible, sin el cual todo lo que anotes en la lista carece de valor: *Que te ame.*

02. ¿De qué te serviría hallar al hombre más inteligente y caballeroso si no le interesas? ¿Para qué quieres junto a ti a la mujer más exquisita y hermosa si sólo quiere manipularte?

03. Si crees estar enamorado pero mal correspondido, despreocúpate y olvídalo. No se trata de amor. Sólo es un capricho, un invento tuyo que terminará destruyéndote si te aferras a él.[5]

04. El amor se da sólo entre dos. Necesariamente entre dos. Para conformar una molécula de agua se requiere hidrógeno y oxígeno. Cada persona posee un elemento. Si aportas mucho hidrógeno, por más que lo desees, no se convierte en agua, y si te empeñas en ver líquido donde sólo existe gas, estarás flotando en sueños imaginarios y atrapado en decepciones crónicas.[6]

13. SÍNDROME DE "PEOR ES NADA"

01. Muchos jóvenes no quieren abandonar sus noviazgos y realizan malabarismos en puentes colgantes gravemente deteriorados. Cada vez que pueden, se arrojan de un puente a otro. Siempre tienen novio o

---

[5] C. C. S., *Juventud en éxtasis, cit.*
[6] C. C. S., *La fuerza de Sheccid*, Ediciones Selectas Diamante, México, 1996.

novia, pero, a la vez, están siempre *disponibles*. Esto se llama vivir el *síndrome de "peor es nada"*.

02. Los novios suelen continuar juntos sólo por costumbre. Ambos se sienten atados, pero no se atreven a terminar porque temen la soledad. A veces deciden incluso casarse pensando que es peor estar solo que mal acompañado y, como no tienen otra mejor opción, se mal-acompañan para siempre.

14. LA ÚLTIMA PUERTA

01. La decepción ofrece una puerta digna y amplia hacia la dignidad. Viviendo los cinco pasos se abre la posibilidad de comenzar a subir.

02. Uno de los rasgos de madurez más claros de un joven es TERMINAR las relaciones amorosas destructivas por el simple hecho de ser destructivas y no porque haya otro romance en puertas.

03. Los romances rutinarios obstruyen el crecimiento intelectual. La mayoría de las obras de arte de la historia fueron realizadas cuando los genios se hallaban en etapas de soledad afectiva.

04. Atreverse a vivir la soledad forja el carácter, torna a la persona más profunda y sensata, además de permitirle alcanzar grandes metas creativas.

05. El joven que está solo y no encuentra la pareja adecuada debe cuidarse para no arrojarse en brazos de cualquiera con el fin de evadir su tristeza. La soledad produce crecimiento interior y, tarde o temprano, esto atrae a las mejores pretendientes.

CUESTIONARIO DE REGISTRO (punto 9)

01. Define decepción y dibuja el diagrama del tema.

02. Explica y ejemplifica los *dos* tipos de decepción (por ruptura amorosa y por mal manejo del sexo).

03. Explica los cinco pasos para recuperarse de una decepción.

04. ¿Qué se conoce por *diarrea verbal*?

05. Menciona alguna cantante o escritora feminista con diarrea verbal crónica.

06. ¿Por qué los amores mal correspondidos son tan desgastantes e inútiles?

07. ¿A qué se llama "síndrome de peor es nada"?

08. ¿Cómo se logra la libertad y el entusiasmo?

09. ¿Por qué se dice que la soledad elegida produce crecimiento?

10. Selecciona los cinco párrafos que consideres más importantes de esta sesión. Escríbelos en tu carpeta de párrafos preferidos.

TAREA (punto 10)

01. Elabora una composición personal sobre el significado de la palabra "SOLEDAD". Diferencia soledad nociva y soledad edificante.

02. Escríbete una carta en la que te hables en forma clara y directa sobre las ventajas de estar solo a veces, analices tus decepciones amorosas del pasado y te expliques lo positivo de haber terminado esas relaciones.

❑

Dhamar impartió la sesión. Era su tema preferido. No pude estar en el aula como me lo propuse porque se produjo un pequeño contratiempo: antes de entrar al salón hallamos al prefecto en la puerta interceptándonos el paso.

—La directora quiere verlos inmediatamente —advirtió con gesto adusto.

—Terminando la sesión iremos a su oficina.

—Desea hablar con ustedes *antes* de la clase.

Me quedé pasmado sin poder captar el fondo de la reprimenda. Los estudiantes guardaron silencio interesados en saber hasta dónde estaría dispuesto el gendarme a impedirnos el acceso.

—Voy a la dirección —le dije a mi esposa—. Tú comienza a impartir el tema.

Ella entró al salón y cerró la puerta.

—¿Vamos? —apremié al hombre.

Caminamos con rapidez hacia las oficinas. No vi a la secretaria en su escritorio. La puerta de la dirección se encontraba entreabierta.

—¿Puedo pasar?

—Adelante.

La doctora escribía. Permaneció con la vista en sus papeles.

—Gracias, don Andrés —le dijo al sujeto, que se detuvo en la entrada del recinto—. Puede retirarse.

Sobrevino un momento de enorme tensión. ¿Por qué motivo me hacía traer a su presencia como a un delincuente?

—¿Cómo va el curso?

—Bien... Muy bien...

Hizo a un lado su pluma, respiró hondo y se quitó los anteojos antes de mirarme.

—¿Quiere sentarse?

—No, gracias.

—Un par de jóvenes vino ayer —comenzó—. Parecían muy molestos. Me dijeron que usted y su esposa estaban atemorizando a los estudiantes con material subversivo, que usted los amenazaba en privado para hacerles callar sus inconformidades, so pena de traerlos a la dirección acusándolos de indisciplina, y que su esposa había humillado a Sonia frente a todos los chicos y la había lesionado moralmente al burlarse de la forma en que perdió a su bebé —permanecí callado—. ¿Es cierto todo eso?

—¿Usted lo cree?

—¡Señor, si los estudiantes se quejan, tengo la obligación de indagar!

—Pero, ¿qué le pasa? —estallé—. Es lógico que los liberales se molesten cuando se les habla de valores. Si lo que busca es que todos estén contentos, contrate a un payaso y a un mago de circo.

—¿Es cierto que amenazó en privado a dos muchachos?

—No. Les planteé las opciones de respetar a sus compañeras o desaparecerse del curso.

—¿Lo ve?

—Doctora Norma. Mi esposa es una psicóloga reconocida. El material que impartimos fue escrito por uno de los terapeutas sexuales más importantes del país. Trabajamos con un curso imparcial y serio. Si duda de nuestra competencia, la invito a que vayamos *en este momento* a escuchar la sesión. Tal vez usted también pueda aprender algo útil.

Suspiró en señal de enfado y señaló de nuevo el sillón de visitantes.

—¿Por qué no toma asiento y se tranquiliza un poco? En realidad lo llamé para informarle de algo.

Obedecí con movimientos rápidos.

—Los jóvenes inconformes no sólo vinieron a verme a mí. Fueron hasta la oficina del rector.

—¿Y...?

—El rector me ha sugerido que les ordene suspender el curso —asentí despacio. Lo había comentado con mi esposa en son de broma; ahora era verdad—. Usted sabe que no necesitamos más problemas —continuó—. Últimamente, con el asunto de esa chica desaparecida... La policía está husmeando en todo, los inspectores revisan archivos, mis superiores nos vigilan en exceso. Las circunstancias en que desapareció... Ya sabe. Se cuestiona la honorabilidad de los estudiantes de mi facultad.

—¿Y cree que mi esposa y yo tenemos algo que ver con eso?

—Se les ha vinculado con esa chica Sonia, la primera sospechosa en la desaparición de Magdalena.

—De acuerdo —suspiré—. Estamos en medio del huracán. Nadie nos llamó. Vinimos por nuestra propia voluntad, ¡pero vinimos a ayudar! No somos nosotros quienes peligramos. El tifón está arremetiendo directamente contra los jóvenes. He abandonado parcialmente mi negocio y dedico mucho tiempo al curso. Mi esposa actúa igual. Podemos cerrar los ojos y pretender que no pasa nada o aguantar las presiones de la crítica y seguir luchando por auxiliar a los chicos en medio de la tempestad.

—Quisiera confiar en ustedes.

—Hágalo.

—Mi hijo Lucio también asiste al curso —titubeó y perdió toda autoridad al mencionarlo; su gesto se volvió indefenso—; ha cambiado un poco desde entonces...

—¿Por qué no le pregunta a él sobre lo que se ha mencionado en el salón?

—Lo haré.

—Y obsérvelo.

—Sí... —se detuvo pensativa—. Ha dejado de salir con su amigo. Aunque ahora casi siempre está callado y encerrado.

—¿Salía con un... *amigo*?

—En la infancia sólo le gustaba convivir con niñas. Desde que entró a la adolescencia sólo convive con hombres. Sé que se masturba demasiado. Nunca ha tenido novia, pero a veces bromea diciendo que tiene... novio...

Callé durante unos segundos y luego me di cuenta de que la confidencia denotaba un voto de confianza hacia mí.

—Gracias por comentármelo.

Nuevamente, se colocó muy despacio sus anteojos.

—Sigan con el curso, pero tráiganme una copia del material, por favor.

—De acuerdo.

Salí de la oficina confundido.

Entré al salón justo cuando Dhamar iniciaba el turno para contestar por escrito el cuestionario. Me preguntó si todo estaba bien y le contesté que sí. Caminé entre las filas de alumnos. Al pasar junto al hijo de la directora, me detuve.

—¿Cómo vas? —le pregunté en voz baja.

—Bien.

—Te he notado muy serio durante el curso; ¿tienes algún problema?

Me miró con asombro.

—No.

—Comprendo... Es difícil confiar en cualquier persona, pero si tienes alguna duda sobre sexualidad que quieras platicar con un hombre... En fin. Estoy aquí para ayudarte...

—Gracias.

TEMA 6
Masturbación

1. MIEDOS ANCESTRALES

01. Históricamente se ha condenado la masturbación en forma general.

02. En el pueblo judío, el sexo solitario llegó a ser condenado con la muerte. En el siglo XVIII se aseguraba que la práctica causaba ceguera, catalepsia, neurosis, histeria, depresiones, parálisis y muchos otros males.[1] Se difundió, en esa época, el castigo de la castración para los jóvenes que se masturbaban. En el siglo XIX se prescribía médicamente que los jóvenes usaran cinturón de castidad de día y anillos con clavos interiores en el pene para evitar la erección nocturna.[2] Se introdujo la cliteridectomía (extirpación quirúrgica del clítoris) para curar de la "terrible perversión" a las niñas sorprendidas acariciándose.[3] Se ideó también la oferoctomía o extirpación de los ovarios. Se llegó a usar cataplasmas y varillas en los genitales para inhibir a los jóvenes.

03. En la actualidad todavía hay quien piensa que la masturbación disminuye la capacidad mental o física y provoca cambios en el rostro o el cuerpo.

⇒ *Preguntas de opinión:* Menciona todos los mitos que hayas escuchado sobre la masturbación. ¿Hasta dónde piensas que esta práctica es buena o mala?

---

[1] Doctor Tissot, *Onanismo, un tratado sobre los trastornos producidos por la masturbación*, 1758.

[2] En un libro de gran éxito del doctor J. L. Milton: *Patología y tratamiento de la espermatorrea*, 1887.

[3] En 1858 el doctor Isaac Baker Brown, ginecólogo inglés de gran prestigio, recomendaba la extirpación del clítoris.

2. DISCERNIR ANTES DE CONDENAR

01. Es necesario solicitar, tanto a los liberales que, indignados por los ataques históricos, promueven la práctica, como a los radicales que aun la condenan, que intenten ser especialmente analíticos y equilibrados con el tema.

02. *El manual Merck de diagnóstico y terapéutica*, una de las obras científicas especializadas para médicos más serias de nuestra época, dice textualmente:

> La masturbación, *antes* considerada una perversión y una causa de enfermedad mental, se reconoce *ahora* como una actividad sexual normal durante toda la vida y se considera un síntoma sólo cuando sugiere una inhibición en el comportamiento orientado hacia la pareja. Su incidencia acumulativa se sitúa alrededor de noventa y siete por ciento de los varones y ochenta por ciento de las mujeres.

03. Este *Manual* asegura que se trata de una *actividad normal*, puesto que la mayoría de las personas la han realizado alguna vez en su vida sin ninguna consecuencia negativa; sin embargo, también acota que se considera un síntoma *(anormal)* cuando sugiere un problema de comportamiento hacia la sexualidad de pareja. Y concluye: "La masturbación, *per se, no es perjudicial,* pero puede llegar a alterar la capacidad de funcionamiento sexual (por algunos factores psicológicos implicados en la práctica)".

04. Igualmente, la Iglesia católica determina que la masturbación es un acto *intrínseca y gravemente desordenado*, pero en una postura de gran equilibrio aclara que, para emitir un juicio crítico sobre los sujetos que se masturban, es necesario tomar en consideración algunos factores psíquicos que reducen e incluso anulan la culpabilidad moral.[4]

05. En consecuencia, existen dos tipos de masturbación: una, llamada *filtro*, totalmente inocua, y otra, llamada *vicio,* que arrastra a la persona a un círculo de problemas sexuales.

---

[4] Parafraseado del *Nuevo catecismo de la Iglesia católica.* Véase el artículo 2355.

3. DIAGRAMA DEL TEMA

01. Quien no supera la decepción o la confusión cae en una soledad nociva, pero antes de llegar al cuadro crítico puede recorrer una antesa-
la conocida como *masturbación filtro*. Este estadio posee una pequeña línea de escape hacia la espera edificante, así como una línea de
bajada hacia la *masturbación vicio*.

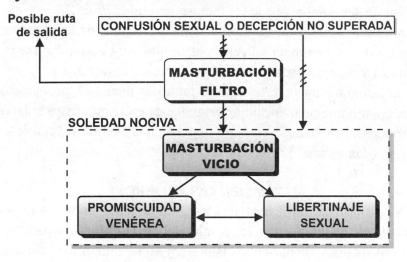

4. DEFINICIÓN

01. La masturbación es la autoestimulación de los genitales con el fin de
obtener placer solitario.

02. La masturbación *filtro* es practicada emergente y eventualmente por
los jóvenes para desfogar su tensión genital, evitando así caer en
situaciones más graves.

03. La masturbación *vicio* la practica quien busca el placer erótico de
forma obsesiva; suele estar acompañada de libertinaje sexual (uso
de pornografía, aventuras fugaces, disfunciones, desviaciones) y promiscuidad venérea.

5. ¿CÓMO SE CAE EN ADICCIÓN A LA MASTURBACIÓN?

01. La hipófisis, controlador central de la producción endocrina, provoca en el organismo un determinado grado de sensibilidad ante los
estímulos sexuales; los estímulos provocan reacciones (excitación),
y éstas, a su vez, impulsan a la resolución (orgasmo).

93

02. Si no existieran las condiciones hormonales, el cuerpo sería insensible a los estímulos, incapaces de provocar reacción alguna. Aun presentes las condiciones hormonales, si no hubiera estímulos sexuales, tampoco se produciría reacción. En ambos casos la masturbación no existiría.

03. Por el contrario, al unirse carga hormonal y estímulos, la resolución (orgasmo) se convierte en una necesidad. Esta resolución eventual, lejos de ser dañina, puede ser incluso natural *(filtro)*.

04. La masturbación *vicio* comienza cuando el joven con una fuerte carga hormonal se procura diversos estímulos para autoinducirse reacciones y repetir obsesivamente la resolución orgásmica.

05. Los estímulos más fuertes son las fantasías mentales, producidas al recordar o imaginar episodios cargados de erotismo. Estos episodios eróticos se encuentran en la pornografía, las aventuras sexuales, las orgías, las caricias profundas, etcétera.

6. ¿TAMBIÉN LAS MUJERES?

01. La sensibilidad hormonal hacia los estímulos es menor, por lo general, en las mujeres que en los hombres. Esto significa que para lograr la misma reacción masculina la mujer requiere un grado mucho mayor de estimulación. Así, la libido femenina no estimulada sexualmente puede permanecer latente durante largos periodos.

02. Si una jovencita NO vive excitaciones sexuales inducidas por besos profundos, caricias, pensamientos eróticos o pornografía, no sentirá ningún deseo de masturbarse. En las niñas, sólo invitaciones muy específicas del medio pueden despertar ese deseo.

03. Aunque existen excepciones, es conocido que los varones se masturban *sobre todo* en la adolescencia pues su sistema hormonal provoca una hipersensibilidad a los estímulos del medio. Por el contrario, las mujeres no suelen hacerlo sino hasta las últimas etapas de la juventud (veinticinco a veintinueve años) y en especial en los inicios de la madurez (treinta a treinta y nueve años), cuando, por lo común, los estímulos han llegado a niveles máximos.[5] Según el *Reporte Hite*, al-

---

[5] Lyn Margulis y Dorian Sagan, *Danza misteriosa. La evolución de la sexualidad humana*, Kairós, investigación realizada por Enrique M. Coperías, publicada en *Muy Interesante*, año XIII, núm. 6, Eres, México.

gunas mujeres maduras la practican para sensibilizar su cuerpo y alcanzar una vida sexual más satisfactoria.[6]

7. ¿SERÍA SENSATO PONERLE UN FRENO?

01. Ningún vicio, por inocuo que parezca, puede ser positivo.

02. Algunas personas toman alcohol, otras se masturban; en la esencia de la adicción, la diferencia es mínima. La que nos ocupa se basa en la imaginación de escenas eróticas y en el uso de material pornográfico.

03. El masturbador adicto vive necesariamente espiando las cualidades sexuales de *toda la gente* que lo rodea, pues son estos atributos convertidos en fantasías mentales el principal alimento de su vicio.

04. Cuando una chica adolescente practica habitualmente la autoestimulación, a la postre permitirá a su novio (o lo provocará para) que sea él quien la masturbe.

05. La autoestimulación excesiva suele crear en el adolescente el reflejo de la eyaculación precoz que afectará su vida conyugal posterior.

06. El vicio de la masturbación es difícil de erradicar. No fomenta hogares sólidos ni relaciones conyugales armoniosas. Normalmente resulta frustrante para el cónyuge descubrir que su pareja obtiene placer a solas.

07. Es importante mencionar, aunque se trate de casos extremos, que las prácticas pederastas, la seducción de menores y la homosexualidad se inician casi siempre con la masturbación colectiva.

08. Preguntamos de nuevo: ¿Sería sensato ponerle un freno? *La respuesta es sí.*

8. ABANDONAR LA MASTURBACIÓN FILTRO

01. Cuando un joven usa la masturbación como filtro para no tener problemas más graves, debe concientizar el peligro de caer en un vicio si no se propone conscientemente controlar su práctica.

02. Es deseable que un joven abandone la masturbación filtro *enfrentando el reto* de las enormes ventajas de carácter que se adquieren mediante el control pleno de los impulsos.

---

[6] Shere Hite, *Reporte Hite de la sexualidad femenina,* Plaza y Janés.

03. Merece la pena lograr un mayor autodominio, pues esto fragua el temperamento y ayuda a triunfar en los demás aspectos de la vida.

04. Reiterando la ley de la confiabilidad masculina: "Cuanto más inmaduro y débil de carácter sea el hombre, más mujeriego y promiscuo suele ser; cuanto más dominio de sí posee, más sólido de carácter es, más confiable, fiel y honesto sexualmente".

05. La salida de la masturbación filtro es usar la fuerza de voluntad por una pequeña línea que conduce al alto sexual y a la espera edificante.

9. ABANDONAR LA MASTURBACIÓN VICIO

01. Cuando se ha llegado a la masturbación vicio, no existe otra salida que la confusión y la decepción. El riesgo de caer en embarazo no deseado (si no se ha sufrido antes) es alto.

02. Algunas útiles recomendaciones:
- Dejar de ver pornografía.
- Evitar el ocio.
- Elaborar un plan de organización.
- Plantearse objetivos claros.
- Trabajar intensamente.
- Emprender deporte de competición.
- Eliminar hasta lo posible las charlas sobre presunciones eróticas.

- No buscar programas, películas o revistas que contengan escenas de sexo.
- No acudir a espectáculos nudistas.
- Controlar la imaginación erótica.

CUESTIONARIO PARA REGISTRO (punto 11)

01. ¿Cómo eran tratadas en siglos pasados las personas que se autoestimulaban?

02. ¿A qué crees que se debía tanta represión?

03. Según tu opinión, ¿cuál es el efecto que produce una represión exagerada?

04. ¿Cuál es el enfoque de la Iglesia católica?

05. ¿Cuál es el punto de vista de la ciencia médica?

06. ¿Cuáles son los estímulos sexuales más fuertes y cómo se producen?

07. ¿Por qué se dice que la masturbación puede convertirse en vicio?

08. ¿En qué etapas de la vida suelen masturbarse hombres y mujeres? ¿A qué se debe la diferencia?

09. ¿Qué consecuencias negativas se observan en la vida de las personas adictas a la masturbación?

10. ¿Cuándo se pasa de la masturbación filtro a la masturbación vicio?

11. ¿Cuál es la gran ventaja que obtienen los jóvenes que aprenden a controlarse y moderarse?

12. Selecciona los cinco párrafos que más te hayan gustado.

TAREA (punto 12)

01. *Trabajo de investigación:* Con la ayuda de un libro de terapia sexual o alguna enciclopedia médica, resume las disfunciones más comunes (frigidez, vaginismo, dispareunia, anheudonía sexual, eyaculación retardada o precoz, disfunción eréctil, impotencia, trastornos del orgasmo, etcétera).

❏

Mientras los estudiantes respondían el cuestionario, Dhamar y yo conversábamos en voz baja. De pronto, sentimos que un chico se había parado frente a nosotros. Lucio, el hijo de la directora, me miraba directamente.

—No creo que usted pueda ayudarme —disparó a bocajarro.

—Inténtalo.

—¿Cuándo?

Me puse de pie y salí del aula. Me siguió. Cerré la puerta del salón. Nos detuvimos en el pasillo.

—¿Por qué me ofreció ayuda? —preguntó.

—Noté que la necesitabas.

—¿No será que mi madre se lo pidió?

—Si así fuera, ¿qué habría de malo?

—Es sumamente obsesiva y neurótica. Me trata como a un bobo.

—Tal vez sólo esté preocupada.

—Ella siempre está preocupada. Tardó diez años en embarazarse. Desde niño me mimaba y agobiaba con caricias y cuidados. Decía que yo era la luz de su vida. Dormí en su cama hasta los catorce años. Soy el típico hijo único, malcriado y consentido.

Su cinismo me hizo sonreír.

—¿Y tu padre?

—No tengo padre.

—¿Falleció?

—Se fue de casa. Yo tenía seis años. Él realizaba una reparación inclinado sobre el cofre de su auto, me pidió la llave inglesa; en el suelo había muchas herramientas, pero yo no sabía cuál era la llave inglesa; él se asomó y al verla frente a mí se enfureció, me gritó inútil, que le estorbaba, dijo que me fuera con mi madre y le ayudara a ella en la cocina. Mi mami Norma le advirtió que no se atreviera a regañarme otra vez y me prohibió acercarme a él. Papá no soportó la situación y se fue. Mi madre me llenó la cabeza de ideas aprensivas. Me hizo temerle a todo. Cada año me cambiaba de escuela. Me molestaban y yo lloraba todo el tiempo. No me gustaban los deportes rudos y mis compañeros me hacían a un lado. En la primaria mis amigos eran mujeres y aprendí a convivir con ellas. A los diez años, en el baño de la escuela, un compañero mayor me enseñó cómo se masturbaba. La escena me causó un choque emocional muy fuerte. Recordándola, con frecuencia acariciaba mis partes íntimas. Antes de entrar a la adolescencia ya veía pornografía con algunos compañeros mayores. No sé por qué le cuento todo esto. Usted me inspira confianza.

—A ver —intenté concretar—: tú eres muy inteligente, pero solitario. ¿Cómo es tu relación con las chicas?

El joven clavó en mí sus ojos. Luego escondió la cara.

—No me gustan las muchachas...

—Entonces... ¿te gustan... los...?

—¿Cuando hable de la homosexualidad, puedo invitar a un *amigo* a la sesión?

—Claro.

Por primera vez noté cierto amaneramiento en sus modales.

Al fondo del pasillo apareció la directora. Venía hacia nosotros. Lucio se puso nervioso. Quiso desaparecer, pero ya era tarde. La doctora Norma aminoró el paso, visiblemente incómoda de apersonarse en un mal momento.

—Hola —nos saludó—, necesito hablar con ustedes.

—¿Con...? —pregunté para que especificara.

Se veía nerviosa y sofocada.

—Con todos —se abrió paso y entró al aula con vehemencia.

—¿Sucede algo malo? —cuestioné mientras la seguía.

—Sí.

Los jóvenes suspendieron su trabajo. El grupo la miró expectante. Su cuerpo rollizo parecía más bajo y redondo de lo que era, sus manos sudaban, de sus ojos emanaba un gran trastorno.

—Es urgente. Disculpen la interrupción. Mejor dicho, ya no es urgente, pero sí necesario... —el silencio se tornó denso—. Es necesario que lo sepan.

Sonia abrió desmesuradamente los ojos; como guiada por un presentimiento atroz, se irguió, guardando la respiración.

—Encontraron a su compañera Magdalena...

Por unos segundos todo el grupo pareció unirse al reflejo de Sonia de aguantar el aliento.

—Desgraciadamente no estaba viva —concluyó la directora—. La asesinaron hace más de dos semanas. Arrojaron su cuerpo a un barranco de la antigua carretera a Toluca.

La audiencia continuó petrificada. Muchas preguntas sin contestar flotaron en el aire. ¿Cómo falleció? ¿Fue el joven de la motocicleta quien le quitó la vida o la pandilla de rufianes que llegó después en un automóvil? ¿Murió en el hotel? ¿Había algún avance en la investigación?

—Esta noche van a velar el cuerpo. Mañana lo entierran. Les comento esto por si alguien desea estar presente.

Los estudiantes comenzaron a murmurar. Se oyeron algunas exclamaciones de desesperación. Varias chicas rompieron a llorar. Me dirigí a Sonia, quien había dejado caer la cabeza sobre su pupitre. La noticia seguramente destrozó lo más hondo de su ser. Le toqué el hombro para ver si estaba bien. Al contacto de mi mano se desplomó. Algunos alumnos corrieron a ayudarla. Le aplicaron primeros auxilios. Minutos después de volver en sí, apareció un inspector de la policía que deseaba llevarla a las oficinas de investigación para interrogarla nuevamente. La joven, como autómata, se dejó conducir hasta la patrulla que la esperaba en la puerta de la escuela.

El sepelio de Magdalena fue terrible. La desesperación de los padres se manifestó durante todo el funeral. Los gritos y llantos nos deprimieron en grado máximo. Eran personas de buen nivel económico y cultural. Nadie podía comprender que la primogénita de una familia tan distinguida hubiera terminado así.

En el camino de regreso no hablamos. Dhamar necesitaba recoger en casa de Laura unos libros que le había prestado. Conduje el automóvil muy despacio. Llegamos a la vivienda de la joven. Dhamar me aseguró que no tardaría. Pero se equivocó. Tardó más de treinta minutos. Cuando salió de la casa, con los libros bajo el brazo, parecía a la vez contenta y preocupada.

—¿Qué ocurrió? —le pregunté—, ¿por qué tanto tiempo?

—Le platiqué a Laura sobre el curso que estamos impartiendo. Se mostró muy interesada. Me pidió que le explicara de qué se trataba. Le dibujé el esquema. No me dejaba ir. Quería que le hablara de cada punto.

—Vaya... —contesté desganado; de pronto una idea loca me hizo encararla bruscamente—. No se te habrá ocurrido invitarla, ¿verdad?

—Se invitó sola. Me dijo que si tú y yo lo permitíamos podría ir a la universidad para hablar con los chicos sobre lo que le sucede.

Por unos segundos permanecimos en silencio.

—Sería muy impactante escucharla —opinó Citlalli desde el asiento de atrás.

—Pero, ¿qué les pasa a ustedes dos? —exploté—. ¡Esto es ir demasiado lejos! Nos han vinculado con el asesinato de Magdalena por intentar ayudar a Sonia. Ahora inmiscuimos a una joven de veinte años con HIV. ¿Adónde vamos a llegar?

—¡Adonde sea necesario! —increpó Dhamar—. Si es útil para la recuperación psicológica de Laura compartir su dolor con otros jóvenes y si a estos jóvenes les ayuda a prevenir un problema similar, ¿qué hay de malo?

—¡Es una enferma de sida!

—¿Y...? No podemos discriminarla. Ella merece todo el respeto.

—Sí, pero debemos ser prudentes. Definitivamente no quiero que lleves a esa chica a la escuela ni que sigas dándole terapia a Sonia.

—Pero, ¿cómo...? —se trabó por el asombro y volvió a comenzar—: Efrén, ¿qué te pasa? Sonia se encuentra muy mal. No ha asistido a sus citas. Si a nosotros nos ha afectado tanto el problema de Magdalena, imagínate a ella. Estás enfocando la situación al revés. Ahora es cuando necesitamos ayudarla *más*.

—¿Más? ¡Dios mío, Dhamar! Esto ya no es un juego. A esa chica le arrojaron una bomba casera, es la única testigo que puede reconocer cabalmente al asesino de su compañera. Aparentemente, existe una banda de jóvenes implicada. Éstas son palabras mayores. ¿Te das cuenta? Todos peligramos, y todos somos sospechosos. Las investigaciones serán exhaustivas. Lo peor aún está por venir. Si no nos hacemos a un lado, nos meteremos en serios problemas. Ya estuvieron a punto de cancelar el curso.

—¿Y qué importa eso? —insistió Dhamar con el rostro encendido—. ¡Se trata de ayudar a los muchachos! Ya no podemos hacernos a un lado. Estamos muy involucrados, Efrén. Iniciamos el curso cuando se desató la tromba. Lo hemos defendido contra viento y marea. ¿Por qué tan cobarde ahora?

—¿Cobarde? —me irrité—. ¿Tú crees que es cobardía intentar proteger a mi familia? Debemos ayudar pero sin convertirnos en los mártires apedreados.

Ahí terminó la discusión. Durante el resto del trayecto no hablamos. El rostro de Citlalli se veía desencajado. Las vibraciones del vehemente e inesperado desacuerdo confundió y lastimó a cada miembro de la familia. Normalmente, Dhamar y yo, después de discutir, siempre hallábamos la forma de limar nuestras diferencias y acabar el día reconciliados. Esa noche no sucedió así. Dormimos enfadados, en los bordes opuestos de la cama. Aunque, a decir verdad, ninguno pudo dormir.

Pensé toda la noche en el tema de libertinaje sexual, con el que continuaba el curso. Sin duda en él se hallaban las respuestas de mucho de lo que estaba ocurriendo.

TEMA 7
Libertinaje sexual
(Pornografía, aventuras rápidas, orgías, prostitución, disfunciones y desviaciones)

1. DIAGRAMA DEL TEMA

01. El libertinaje proviene de una confusión sexual creciente, una decepción no superada o una masturbación filtro no controlada.

02. La *libertad* es el centro de la soledad edificante y el *libertinaje* es el centro de la soledad nociva.

03. Salir de la soledad nociva no es fácil. La única puerta conduce nuevamente a la confusión; el problema sólo se resuelve viviendo un alto sexual y un *quebrantamiento del ego* en la decepción.

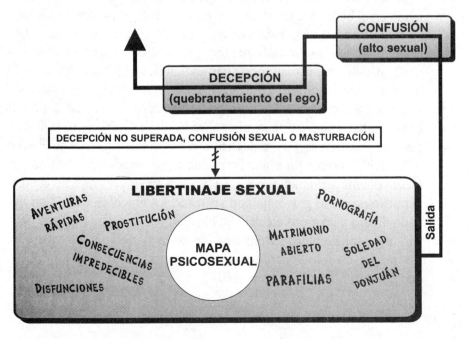

2. DEFINICIÓN

01. El libertinaje sexual es la práctica superficial y sin límites del erotismo; conlleva a uno o más de los siguientes estadios: pornografía, aventuras rápidas, orgías, prostitución, disfunciones y desviaciones.

02. El libertinaje provoca estragos psicológicos que afectan la conducta general y deterioran la vida sexual posterior.

3. AVENTURAS RÁPIDAS (Lectura[1])

Nos conocimos en una discoteca. Tomamos un par de copas y bailamos. Era una chica muy sensual, con mirada de fuego y una forma de moverse extraordinaria. Mis padres y hermanos estaban de viaje, así que la invité a pasar la noche en mi casa. Ella aceptó. Yo estaba muy excitado ante la idea de hacer el amor con una mujer como aquélla. En casa seguimos bebiendo; luego fuimos a la recámara principal y nos desnudamos. Sensualmente, era una fiera. Sus besos apasionados me arrebataban el aliento, sus caricias resultaban demenciales. Hizo cosas que no había probado antes con ninguna mujer. Terminé todo arañado y mordido. Yo también la mordí y rasguñé. Fue una locura. Nos dormimos sobre la alfombra.

A las pocas horas me despertaron unos ruidos. Ella estaba vomitando en el baño. Me acerqué y repentinamente gritó que me alejara. Su voz ya no era seductora sino agresiva. Miré el perfil de un rostro desagradable y una mirada trastornada. Retrocedí. ¿Qué había hecho? ¿A quién había metido a la habitación de mis padres? Encendí la luz y descubrí con horror que toda la alfombra estaba manchada de vómito. La mujer se hallaba drogada. Después de un rato salió del baño tambaleándose y se arrojó sobre la cama. Quise retirarla de ahí, pero era muy pesada. Pasé toda la noche limpiando. No sabía qué hacer.

La dejé dormida; fui a la universidad y pedí ayuda a mis amigos. A medio día me acompañaron a la casa. Para mi sorpresa, ya no estaba, pero eso no era lo grave: habían volteado los muebles, se habían llevado dinero y aparatos eléctricos. No supimos exactamente qué ocurrió, pero mi aventura sexual terminó de la manera más inesperada. Esa noche, cuando llegaron mis padres, tuve que explicarles... Creo que perdieron la confianza en mí.

---

[1] Carta recibida por el autor, escrita por un joven de la ciudad de México.

Últimamente me he sentido acechado por gente extraña. En tres ocasiones he visto el mismo auto con jóvenes de mal aspecto. Tal vez me estoy volviendo paranoico, pero la verdad es que no vivo tranquilo. He terminado con mi novia y siento que todas las mujeres, en el fondo, son manipuladoras, nunca dicen realmente lo que quieren cuando aceptan acostarse contigo. Me gustaría platicar con usted para que me dé su opinión. He leído su libro y sé que podría ayudarme.

4. CONSECUENCIAS IMPREDECIBLES

01. Los aficionados a los episodios sexuales fáciles enfrentan eventualmente desagradables sorpresas. En el juego erótico, mucha gente usa máscaras.

02. Quien tiene sexo de manera liviana ignora realmente cuál puede ser la conducta previa y posterior de su amante.

03. Las aventuras sexuales tienen un precio. Son sellos de intimidad que producen compromisos. A veces se pagan caro:

- Miles de hombres han sido víctimas de mujeres audaces que buscan embarazarse para forzar el matrimonio.
- Muchas mujeres han sufrido violación o abuso sexual al seguir el juego a alguien que hacía insinuaciones divertidas.
- Centenares de jóvenes sufren enfermedades venéreas contagiadas *deliberadamente* por alguien resentido.
- Muchos hombres han quedado aniquilados cuando la empleada a la que sedujeron hizo público el romance y *se cobró su parte*.
- Miles de personas chantajeadas han perdido casas, coches, dinero y negocios al ser fotografiadas manteniendo relaciones sexuales.
- Gran cantidad de hombres, después de asistir a un burdel, se han visto involucrados en amenazas y extorsiones por los mafiosos que manejan a las prostitutas.
- Miles de mujeres solteras pierden su libertad y seguridad al acostarse con su novio: cualquier varón, después de mantener relaciones sexuales, se siente con ciertos derechos sobre la chica, la ve un poco como de "su propiedad" y, aun cuando ella ya no quiera saber nada, él seguirá deseándola y persiguiéndola.

04. Nuevamente: *Las aventuras sexuales tienen un precio. Son sellos de intimidad que producen compromisos. A veces se pagan caro.*

5. MAPA PSICOSEXUAL

01. Cada quien cuenta con un mapa psicosexual donde traza las líneas de lo que es en la intimidad más profunda. Son líneas marcadas en el subconsciente por las experiencias sexuales vividas.

02. En el mapa psicosexual existen emociones secretas, recuerdos y anhelos relacionados con el sexo.

03. El mapa psicosexual marca las pautas de conducta.

6. DISFUNCIONES SEXUALES

01. El deseo erótico es un proceso psicosomático basado en la actividad cerebral y en el guión cognitivo. El correcto funcionamiento sexual depende de la disposición mental previa, la excitación vasocongestiva efectiva y el orgasmo.[2] Las disfunciones son trastornos del mapa sexual que inhiben alguno de estos puntos.

02. Las disfunciones se deben normalmente a factores psicológicos: miedo, culpabilidad, depresión, ansiedad, vergüenza, sentimientos de incapacidad, aversión, acontecimientos traumáticos de la infancia o de la adolescencia.[3]

03. El cuerpo y la mente aprenden todo lo que se vive en la juventud y lo graban en el mapa como reflejos condicionados: frigidez, vaginismo, dispareunia, anheudonía sexual, eyaculación retardada o precoz, disfunción eréctil, impotencia, trastornos del orgasmo y otros problemas psicosomáticos.

⇒ *Preguntas de participación en grupo:* Leer en voz alta algunas de las investigaciones del trabajo de tarea sobre las disfunciones sexuales.

7. EJEMPLOS DE MAPAS PSICOSEXUALES DISTORSIONADOS

01. En los informes de terapias sexuales se narran cientos de casos de parejas con disfunciones provocadas por antiguas experiencias:
  • Un capitán del ejército nazi confesó cómo los soldados desnudaban a las mujeres y abusaban sexualmente de ellas antes de asesi-

---

[2] American Psychiatric Association, *Diagnostic and Statistical Manual of Mental Disorders.*
[3] Y raras veces a etiología física específica: lesiones en la médula espinal o los genitales. "Trastornos del deseo sexual inhibido", *El manual Merck de diagnóstico y terapéutica*, Mosloy Doyma.

narlas en las cámaras de gas. Después de presenciar esas escenas, llegaba a casa y le resultaba imposible tener intimidad con su esposa, pues al intentarlo recordaba las repugnantes imágenes.

- A un hombre que de joven mantuvo relaciones con una señora sucia y sudorosa le resultaba imposible acercarse a su esposa si antes no se aseaba escrupulosamente.
- Un hombre tuvo relaciones con una prostituta durante su periodo menstrual y se llenó de sangre; posteriormente rechazaba enérgicamente a su mujer cuando menstruaba.
- Una chica tuvo sexo con un hombre soez, mientras escuchaba la lluvia y percibía el olor de una botella de ron. Años después, perdía todo deseo si llovía o percibía un olor similar.
- Una mujer violada, al estar con su esposo, no podía dejar de recordar los detalles de la violación.

02. El cerebro graba las percepciones recibidas y, cuando se repiten, las vincula con recuerdos gratos o ingratos.

03. Es una ley: lo que la mente relacione en materia sexual, consciente o inconscientemente, determina nuestra conducta sexual.

8. PORNOGRAFÍA

01. Aunque algunos terapeutas prescriben ciertas formas de pornografía para ayudar a parejas *casadas* con problemas de orgasmo inhibido, aversión puritana al sexo, ansiedad o hastío crónico, en términos generales la pornografía *daña* el mapa sexual:

- Separa el sexo del amor y del compromiso.
- Lastima profundamente a los niños que la ven. Éstos se vuelven propensos al sexo prematuro y a la homosexualidad, además de confundirlos severamente en su autoestima.
- Minimiza la violación haciéndola parecer cotidiana.
- Al mostrar cuerpos esculturales, provoca la sensación de tener un cuerpo desagradable y, en el caso del casado, de que el cónyuge lo tiene.
- Bloquea la comunicación profunda en la pareja.
- Representa la mayor muestra de degradación del hombre, al rebajarlo a la categoría de "animal copulando".

- Es la materia prima de la masturbación vicio en los varones.
- Induce la relajación de los principios éticos. Se ha descubierto que *todos* los criminales son aficionados a la pornografía.
- Refuerza el hábito de desnudar con la imaginación a la gente o de recrear fantasías sexuales mientras se charla con personas del sexo opuesto.

9. PROSTITUCIÓN

01. La compraventa de servicios sexuales es otra clara muestra de cómo las personas separan sus áreas biológica y espiritual.

02. El comercio de frotaciones y placeres genitales corrompe el valor del ser humano y lacera el mapa psicosexual.

03. Un hombre casado que frecuentaba prostitutas comentaba: "Para lo único que sirven las mujeres es para el sexo; fuera de eso, no doy por ellas dos centavos".[4]

10. PARAFILIAS

01. Los mapas sexuales *muy dañados* arrojan desviaciones llamadas parafilias.[5] Aunque algunas son raras, y todas más frecuentes en varones, para curarlas es necesario psicoterapia a largo plazo. Por desgracia, cada vez hay mayor incidencia de matrimonios con este tipo de problemas:

- *Sadismo.* El individuo se estimula sexualmente y logra el orgasmo sólo provocando sufrimiento físico o psicológico a su pareja.
- *Masoquismo sexual.* La persona se excita sólo si es humillada, atada, golpeada o sometida a alguna forma de dolor.
- *Voyeurismo.* El sujeto se estimula únicamente observando a personas desnudas, que se desnudan o mantienen relaciones.
- *Fetichismo.* Se emplean objetos inertes para alcanzar la excitación sexual. Los fetiches más usuales son ropa interior, zapatos, pelos o uñas.

---

[4] Edwin Lutzer, *Cómo vivir con sus pasiones*, Las Américas.
[5] Academia Nacional de Medicina, *Enciclopedia de la salud familiar*, Nueva Editorial Latinoamericana. Las definiciones están tomadas de *El manual Merck..., cit.*

- **Travestismo.** Uso de prendas femeninas por varones heterosexuales. Los travestidos se excitan habitualmente vistiendo así; suele agradarles la exhibición pública.
- **Pedofilia.** Preferencia por la actividad sexual recurrente con niños prepúberes (menores de trece años).
- **Exhibicionismo.** Actos de exposición genital a un extraño, con objeto de producirle excitación sexual.
- **Transexualismo.** Personas que adoptan la identidad del sexo opuesto. Generalmente desean cambiar de sexo mediante operación quirúrgica.

11. VEREDA DE IDA Y VUELTA

01. La vida sexual es como un terreno virgen: para atravesarlo, cada persona traza una ruta única y camina marcando su propio surco. Cuando dos personas se casan entremezclan sus mapas y cada quien lleva al otro a recorrer su sendero.

02. El que ve pornografía de joven deseará verla con su pareja cuando se case.

03. El adicto a la masturbación seguirá masturbándose después de casado.

04. El que se excita sexualmente bajo el efecto del alcohol o de alguna droga querrá seguir usando el método en el matrimonio.

05. El obsceno, violento o mecanizado en sus relaciones íntimas repetirá el esquema con su cónyuge.

06. Todo forma parte de una ruta que se recorrió de ida y se recorrerá de vuelta.

12. ORGÍA

01. Orgía es el acto de compartir simultáneamente parejas sexuales. Son comunes entre drogadictos, homosexuales y personas con graves confusiones sexuales.

02. Las orgías aparecen continuamente en las películas pornográficas.

03. Actualmente se organizan orgías "elegantes" entre personas aparentemente cultas.

13. MATRIMONIO ABIERTO (Lectura[6])

Un amigo de viejas francachelas nos invitó a mi esposa y a mí a una fiesta de matrimonios abiertos. Llegamos al lugar un poco nerviosos. La psicóloga que dirigía la reunión explicaba las ventajas de abrir la mente a nuevas posibilidades de convivencia, enumeraba los problemas de los matrimonios cerrados y proponía la apertura sexual con otras parejas para enriquecer la vida marital. Se organizó una dinámica de intercambio de cónyuges. Cada nueva pareja practicó un pequeño ritual de apertura. Tomar de la mano a una mujer extraña cuyo marido estaba en la misma sala de la mano quizá con mi mujer me provocaba una pervertida excitación. El ambiente era elegante, las personas cultas y ricas. Los ejercicios dirigidos nos condujeron a un juego erótico. El lugar quedó en tinieblas. Yo no podía ver con quién se encontraba mi esposa. Ella tampoco me veía a mí. La coordinadora nos invitó a olvidar prejuicios y a vivir el momento presente. Mi nueva compañera y yo comenzamos un fascinante proceso de caricias íntimas. Nos desnudamos lentamente. Excitados al máximo, a punto de consumar el acto genital, otra pareja, también desnuda, nos interrumpió para intercambiar. Mi pareja ahora no era tan voluptuosa, pero disfruté sus diferencias físicas. Me dejé llevar por las sensaciones de erotismo libre. Cambié tres veces más de compañera. La elegante experiencia terminó en una tremenda orgía. De soltero participé en algunas reuniones similares, no me parecían tan malas. Mi esposa se enfadó conmigo por haberla llevado a ese sitio, aunque creo que secretamente le agradó. Nuestro matrimonio fue de mal en peor a partir de entonces; se rompieron todos los esquemas morales entre nosotros, nos faltábamos al respeto continuamente, veíamos la infidelidad como algo normal, nuestra unión perdió fuerza, nuestro compromiso se volvió una baratija, pero al menos logramos convertirnos en un "moderno matrimonio abierto".

14. CONSEJO SUBDESARROLLADO DE LOS "DESARROLLADOS"

01. Cierta chica de un programa de televisión estadounidense aceptaba acostarse con cada muchacho en la primera salida y argumentaba que era una manera *práctica* de vivir, pues a fin de cuentas el cortejo

---

[6] Carta de un hombre radicado en la ciudad de Guadalajara, Jalisco.

tenía ese objetivo y no merecía la pena perder tanto tiempo si, al final, terminarían haciéndolo.

02. La ideología liberal tan difundida por los programas de televisión y películas hollywoodenses impulsa a los jóvenes a "acostarse" sin tanto formalismo.

03. En Europa y Estados Unidos, la gran mayoría de los solteros cae en el libertinaje sexual. Como es lógico, sus hábitos no cambian con el matrimonio. Los libertinos se convierten en esposos altamente proclives a la infidelidad y a las prácticas sexuales promiscuas.

04. Es una realidad incuestionable: en los países "desarrollados" el ambiente juvenil se ha degradado tanto que resulta cada vez más difícil hallar matrimonios jóvenes exitosos o familias estables.

05. Cuando dos libertinos entremezclan sus mapas, la maraña resultante les impide formar hogares sólidos.

15. SOLEDAD DEL DONJUÁN (Lectura[7])

¿Sabes?, he triunfado. Me liberé de las ataduras del matrimonio. Me compré un precioso departamento en la playa a donde invito a las chicas más atractivas. Voy y vengo como me place y hago lo que quiero. Sin embargo, hay algo que me molesta y no sé qué puede ser. Todas las mañanas cuando me estoy vistiendo y me miro al espejo me pregunto: ¿qué gané con el juego sexual de anoche? La chica era guapísima, muy buena en la cama, y se fue sin molestarme, pero, ¿es esto todo en la vida? Además, si mi forma de vida es la que todos quisieran tener, ¿por qué me siento tan deprimido? ¿Por qué estoy tan frío y vacío por dentro? Yo sé que soy la envidia de quienes me conocen porque piensan que mi vida es fantástica, totalmente libre. Pero, honestamente, te confieso que la odio.

16. LA ÚNICA SALIDA

01. Del libertinaje sólo es posible salir a través de un alto sexual en la confusión y un quebrantamiento en la decepción (véase diagrama).

02. El quebrantado se irrita consigo mismo, se siente aplastado, defrau-

---

[7] Joyce Landorf, *Tough and Tender* (Fuerte y tierno), narrado por Fleming H. Revell, pp. 132-123. (En español, en Edwin Lutzer, *op. cit.*)

dado, frustrado; la culpa lo asfixia; el anhelo de reivindicarse lo obliga a caer de rodillas y gritar frente al espejo: *"¡Ya basta! ¿Qué estoy haciendo con mi vida? ¡No puedo seguir así!"*

03. Sólo subiendo a una decepción especialmente dolorosa es posible iniciar la recuperación.

CUESTIONARIO PARA REGISTRO (punto 13)

01. Dibuja, de memoria, el diagrama de libertinaje sexual.

02. ¿Por qué son peligrosas las aventuras rápidas?

03. ¿Qué es un mapa psicosexual y cómo se traza?

04. ¿De qué depende el correcto funcionamiento sexual? ¿A qué se debe la inhibición de alguno de los puntos anteriores?

05. Define prostitución y explica tres de las principales parafilias.

06. ¿Por qué se dice que la vida sexual es vereda de ida y vuelta?

07. ¿En qué excepcionales casos la pornografía puede ser útil?

08. Menciona los cinco aspectos dañinos de la pornografía que consideres más importantes.

09. ¿Por qué es un mal consejo que los jóvenes se destrampen con la excusa de "disfrutar la vida" antes de casarse?

10. ¿Cuáles crees que sean las consecuencias de las orgías y los matrimonios abiertos?

11. ¿Por qué en los países "desarrollados" es tan difícil hallar matrimonios jóvenes exitosos?

12. ¿Cuál es el único camino para salir del libertinaje sexual?

13. Elige los cinco párrafos que consideres más importantes de esta sesión. Escríbelos en tu carpeta en orden de importancia descendente.

TAREA (punto 14)

01. *Trabajo de investigación:* Documéntate en otros libros y elabora un informe de los síntomas, etapas, profilaxis y tratamiento de las enfermedades venéreas conocidas (exceptuando el sida, sobre el que se realizará un trabajo aparte en la siguiente sesión).

❑

El tema del libertinaje sexual fue seguido por los estudiantes con sumo interés. El fatal destino de Magdalena era una muestra muy cercana del problema. A unos les había afligido más que a otros. Me percaté de que pertenecía al grupo de los más afectados, pues no logré comunicarme con mi esposa durante todo el día.

Estábamos cenando, sin hablar, cuando tocaron a la puerta. Citlalli preguntó por el interfón quién era. Tosió y colgó el aparato casi de inmediato. La miré de reojo.

—Es Juan Carlos...

Hice a un lado el plato y me puse de pie.

—¿A qué viene? —pregunté.

—Últimamente ha llamado por teléfono. Es muy insistente. No quiero verlo, papá. Dejemos que siga tocando hasta que se canse y se vaya.

El timbre volvió a sonar.

Caminé dispuesto a zarandear y arrojar a las cloacas al tipo, pero apenas abrí la puerta de la cocina me detuve y regresé.

—Citlalli... ¿crees que podrías hablar tú con él para poner un alto definitivo a todo esto?

Me miró desconcertada. Dhamar saltó de su silla:

—Un momento. No creo que sea lo correcto. Si desea ignorar al muchacho, no puedes obligarla a hablar con él.

—El tipo debe recibir un "hasta aquí" perfectamente claro —rebatí.

—¡Pues dáselo tú! ¡Cuando Juan Carlos se dé cuenta de que Citlalli está respaldada por su padre, dejará de molestarla!

—Por supuesto que me muero de ganas de partirle la cara, pero, ¿de qué sirve el curso, si nuestra hija es aún incapaz de solucionar sus problemas? ¿Recuerdas el último paso de la decepción? —me toqué repetidamente la sien como reclamándole su falta de memoria—. Se llama *libertad*. Es tu tema preferido. Nadie puede alcanzarla si continúa bajo la cobija de sus padres. Tú y yo somos proveedores de armas, pero la guerra es de Citlalli.

—¿Y tú olvidaste que le prohibiste volver a ver a Juan Carlos? ¿También perdiste la memoria?

—¡No lo he olvidado! Sólo que las circunstancias han cambiado.

Citlalli, enfadada por la nueva discusión de sus padres, salió de casa para hablar con Juan Carlos.

—Espero que no te equivoques —me advirtió Dhamar con gravedad.

Salí detrás de la chica. Dhamar se quedó mirándonos desde la cocina.

Mi hija se encontró con su ex novio. Me detuve detrás de la puerta, dispuesto a intervenir si necesitaba ayuda.

—Te traje este ramo de rosas —escuché decir al galán.

—¿No eres capaz de entender que lo nuestro ha terminado? Salí para poner los puntos sobre las íes por última vez. No quiero volver a verte. Haz el favor de retirarte y no regreses jamás por estos rumbos.

—Pero Citlalli —protestó el hombre con un tono de voz más agudo—. He venido a pedirte disculpas por mis errores y a proponerte algo...

—¿Proponerme *algo*?

—Sé que no me porté bien la otra noche. Pero estoy arrepentido. Quiero que tú y yo vivamos juntos para siempre.

—¿Vivir juntos? ¿Sin casarnos?

—Lo importante no son los términos sino el amor. Tengo un departamento y sé que podríamos ser muy dichosos. Por favor, no te niegues la posibilidad de ser feliz.

Sentí deseos de abandonar mi trinchera para cruzarle la cara al aeronauta con un derechazo, pero me contuve. Era increíble cómo la vida nos devuelve tarde o temprano lo que le hemos dado y nos arrebata lo que le hemos quitado... Años atrás yo también propuse a Dhamar la unión libre.

—Eres un cínico —contestó Citlalli—. Deberías leer el material del curso que te di o, al menos, el libro de mis padres, antes de proponerme nada. Pretendes seducirme y te encuentras tan fuera de contexto en mi vida. ¡No sabes cómo pienso ni te interesa saberlo! Eres un cerrazónico. No me molestes más. No quiero que me hables por teléfono. Puedes seducir a muchas chicas. Sin duda encontrarás a alguien que acepte tus propuestas. Lo nuestro murió. No siento nada por ti.

—¿Cómo? ¿Así? ¿Ya olvidaste la belleza de esa intimidad que vivimos?

—Juan Carlos, ya no puedes manipularme. Sólo *lár-ga-te*. Si vuelvo a verte por aquí llamaré a la policía.

—Pero...

Mi hija dejó al uniformado con la frase a medias y cerró de un golpe la puerta. Se recargó mientras respiraba profundamente una y otra vez, con los ojos cerrados. Temblaba. Me percaté de lo difícil que había sido para ella hacer eso.

La abracé.

—Gracias, papá... Ya me siento mejor.

Entramos a la casa.

Dhamar se acercó a la niña y le acarició los brazos cariñosamente.

—¿Estás bien?

—Sí.

Entonces mi esposa me miró en forma retadora:

—Acabo de hablar por teléfono con Laura para invitarla a participar en la sesión de mañana.

—Pero, ¿por qué hiciste eso? —protesté—. Habíamos quedado en que no...

—Debemos pasar a su casa temprano —me interrumpió—. Está muy entusiasmada con la idea de acompañarnos a la universidad.

La ira me inmovilizó.

—¡Papá!, ¡mamá! —intervino Citlalli—. ¿Qué les pasa?

El reclamo fue tan fuerte y oportuno que detuvo al instante la nueva discusión que se avecinaba.

Dhamar y yo nos miramos avergonzados y dolidos. No éramos un matrimonio perfecto, pero solíamos arreglar nuestros problemas con relativa facilidad y jamás caímos en riñas y revanchas continuas. La tensión del curso nos estaba afectando como nunca imaginamos.

—Por favor —continuó nuestra hija—, deben permanecer siempre unidos. Está bien que Laura vaya a la universidad, está bien que yo haya enfrentado a Juan Carlos, está bien que seamos precavidos con el asunto de Sonia. Todo está bien. No se hagan líos. Si se aman, no se hieran, por favor... No lastimen su unión con tonterías.

Dhamar, frente a mí, me miró con tristeza.

Con la vista nos expresamos lo arrepentidos que nos sentíamos por nuestras actitudes agresivas. No fueron necesarias las palabras. Citlalli quiso dejarnos solos y se fue a su habitación.

Mi esposa y yo nos fundimos en un abrazo de perdón.

TEMA 8
Promiscuidad venérea

01. Primera parte de la sesión: **Área biológica**. Exposición por los alumnos del trabajo de investigación sobre enfermedades venéreas. Entrega de trabajos.

02. Segunda parte de la sesión: **Área conductual**. Exposición de los siguientes artículos:

1. ESQUEMA DEL TEMA

01. La promiscuidad venérea proviene del libertinaje sexual. Forma parte del círculo de soledad nociva y su única ruta de salida es a través de la confusión y la decepción.

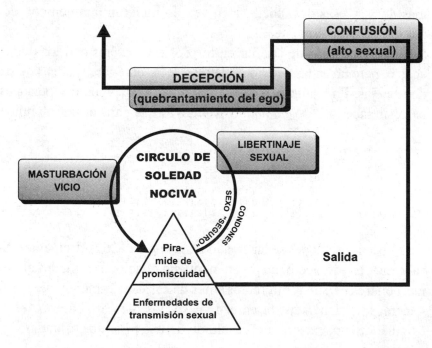

2. DEFINICIÓN

01. Las diversas infecciones y enfermedades adquiridas por aventuras rápidas, prostitución o cualquier otra forma de libertinaje sexual constituyen la promiscuidad venérea.

02. No se consideran promiscuidad los padecimientos genitales, de cualquier otro origen, que suelen darse dentro de la vida conyugal común.

03. Los novios que mantienen relaciones sexuales participan, a veces sin saberlo, en la promiscuidad venérea, al pasar a formar parte de una pirámide.

3. PIRÁMIDE DE PROMISCUIDAD

01. Algunos años atrás se pusieron de moda los negocios de multiniveles; la cabeza de una pirámide recibe el beneficio económico de todos los miembros de su red. Este efecto geométrico se puede aplicar a las relaciones sexuales.

02. Pensemos en una chica X que durante su juventud sólo ha mantenido relaciones sexuales con dos novios diferentes. Supongamos que cada uno de sus dos novios tuvo relaciones sexuales con dos chicas además de X, y esas dos chicas, a su vez, lo hicieron también con dos novios, respectivamente.

03. Seguramente X puede confiar en los dos muchachos con los que se acostó, pero no en las anteriores parejas de las anteriores parejas de sus dos parejas. En realidad sólo tuvo intimidad sexual con dos personas, pero, sin saberlo, pasó *automáticamente* a formar parte de una pirámide:

```
                                1
                               12
                             12 12
                           12 12 12 12
                       12 12 12 12 12 12 12 12
                 12 12 12 12 12 12 12 12 12 12 12 12 12 12 12 12
   12 12 12 12 12 12 12 12 12 12 12 12 12 12 12 12 12 12 12 12 12 12 12 12 12 12 12 12 12 12 12 12
```

04. En sólo seis escalones se ha creado un grupo de 126 participantes. Se sabe que, en promedio, un joven mantiene relaciones sexuales al menos con tres personas diferentes antes de casarse. También que por lo general la cadena supera, en cada caso, los diez eslabones. Así, la calculadora nos mostrará el resultado de una pirámide estándar:

05. Un joven que tuvo relaciones con tres personas, quienes a su vez tuvieron relaciones con otras tres, y así sucesivamente hasta el décimo nivel, ha creado un grupo de 88 574 participantes. El riesgo de contagio de una enfermedad como el sida equivale a haber tenido sexo con las 88 574 personas.

06. Este modelo matemático es un ejemplo moderado de lo que ocurre en la realidad. Las pirámides no son tan homogéneas ni tan exactas; en ellas influyen otros factores como edades, tiempos y pasado de los participantes. Lógicamente, si una persona virgen (sin pasado sexual) participa, se cortan los siguientes eslabones en su rama, pero, en contrapartida, si alguien del grupo se acuesta con una prostituta o con un individuo extremadamente liberal, la calculadora deberá usar notación científica para determinar el gigantesco número resultante.

07. ¿Para qué sirve conocer este fenómeno? Para entender cómo se propaga la promiscuidad venérea.

4. UNA TRAGEDIA CADA VEZ MÁS COMÚN

01. Muchos estudios sanguíneos prenupciales no solicitan la detección del HIV (virus de inmunodeficiencia adquirida). Como consecuencia, hoy en día existe un creciente número de parejas jóvenes infectadas que tienen hijos con SIDA.

02. Cuando dos muchachos se unen, quieran o no, llevan hasta su lecho la pirámide de promiscuidad completa de las personas con las que mantuvieron relaciones antes.

5. LA INFECCIÓN QUE VIAJA

01. ¿Por qué el ébola y otras enfermedades mortales han sido controladas con relativa facilidad? Cuando la ciencia médica no encuentra vacuna o medicamento, se realiza un *proceso de aislamiento*. Los infectólogos incomunican a los enfermos y los confinan en determinadas áreas para evitar la propagación del mal. Con su muerte y con la esterilización de la zona se controla la enfermedad.

02. ¿Por qué no se ha hecho algo similar con el SIDA? El problema real radica en que *en este preciso momento* seguramente están viajando de un país a otro, de una ciudad a otra, de una cama a otra, miles de personas infectadas. El HIV puede alojarse en el cuerpo de alguien durante varios años sin que se presente ninguna manifestación. Así, el individuo puede, sin saberlo, contagiar a *toda su pirámide*.

03. El aumento de casos de SIDA es alarmante. Se calcula que, por cada diez personas enfermas, de cien a ciento cincuenta han sido contagiadas e, ignorándolo, propagan a su vez el virus.

6. EL HIV

01. El virus de inmunodeficiencia adquirida es responsable de una enfermedad incurable y fatal que afecta el sistema inmunológico de las personas. Se transmite por contacto sexual, transfusiones sanguíneas sin control, uso de jeringas infectadas o accidentes.

02. El vector (vehículo) es la sangre y las secreciones, pero, como el epitelio que reviste la piel y las mucosas es una auténtica barrera, necesita una puerta de entrada, como heridas o laceraciones.

03. Aunque es seguro vivir con una persona portadora del HIV, tocarla, abrazarla, compartir sus toallas o su comida, e incluso dormir a su lado, es sumamente peligroso:

- **Usar su cepillo de dientes.** A veces las encías sangran al momento del aseo y el virus puede alojarse en el cepillo. El peligro reside en que en la boca del receptor tal vez exista alguna pequeña herida que funcione como puerta de acceso.

- **Usar sus hojas de afeitar.** La sangre que se queda en las navajas cuando se produce una pequeña cortada puede entrar de la misma forma en la persona receptora.

- **Tener relaciones sexuales con ella.** El coito es el principal medio de contagio del sida.

❑

En esta sesión, Dhamar y yo hicimos algo inusual. La interrumpimos para presentar a una invitada.

El paréntesis provocó cierta tensión entre los jóvenes.

—Laura es una de mis pacientes —explicó Dhamar—. Le hablé de nuestro curso de conducta sexual y aceptó acompañarnos. Quiero que la escuchen sin morbo ni prejuicios. Es una ex estudiante universitaria que ha caído en desgracia. No viene aquí a amenazarlos ni a buscar compasión. Sólo desea compartir su testimonio.

Dhamar dejó a Laura al frente y caminó hacia la esquina en la que yo me encontraba. Rodeé la espalda a mi esposa sin poder evitar un nudo en la garganta. En efecto, esa chica era físicamente muy parecida a Citlalli. De cabello largo, grandes ojos negros y facciones espigadas, sólo había algo raro en su aspecto: boca seca, piel rosada y grandes ojeras que el maquillaje no había podido disimular.

Comenzó a hablar en un ambiente de gran expectación:

—Tengo veinte años... No creo que llegue a cumplir cuarenta... —la larga pausa provocó una sensación de incertidumbre. Nadie se movía—. Siempre soñé con ser una excelente profesionista. Estudiaba diseño gráfico. Adoro el arte y anhelaba viajar por el mundo para conocer los museos y monumentos más importantes. También soñaba con una familia. Me gustan los niños y creo que hubiera sido una buena madre y esposa. En mi casa viví el ejemplo de un hogar estable. Anhelaba el mío propio. Ustedes saben. A los veinte años se tiene la cabeza llena de sueños y se cree que todos pueden realizarse... En mi caso ya no...

La chica se detuvo. Respiró hondo. Los estudiantes se mantenían como petrificados en sus sillas.

—El año pasado, una amiga me invitó a Cancún con su familia. Le pedí permiso a mis padres. Dos días antes de salir, cancelaron el viaje. Yo había arreglado todo, así que no dije nada y me fui sola. Me fascinó el lugar. La arena blanca, las aguas cristalinas. Me tendí en la arena disfrutando esa belleza, cuando se me acercó un muchacho. Me pareció muy apuesto. Dijo llamarse Leonardo. Yo, poco acostumbrada a tratar con desconocidos, quedé embobada ante él, sentí que había perdido mucho tiempo y deseé recuperarlo de repente. Cenamos, bailamos y al día siguiente accedí a subir con él a mi habitación, donde hicimos el amor y descubrí todas las maravillas del sexo. Me enamoré perdidamente. Terminaban mis vacaciones. Me aseguró que la siguiente semana pasaría por mi ciudad y me acompañó hasta el aeropuerto, donde me entregó una tarjeta con su número telefónico y una cajita que, según él, no debía abrir sino hasta encontrarme en mi casa. Apenas subí al avión, quité la envoltura de la caja y levanté la tapa. ¡Dios mío! —hizo una pausa para inhalar y exhalar nuevamente, pero el proceso terminó en un llanto explosivo; concluyó entre lágrimas—: Encontré un ratón muerto y una nota escrita en rojo que decía... *"BIENVENIDA AL CLUB DEL SIDA..."*[1]

La exclamación de los estudiantes contenía al mismo tiempo ira, asombro, tristeza e impotencia. ¡No podía ser cierto! Parecía el argumento de una película de terror, ¡pero era real! Laura se encorvó hacia delante y estuvo a punto de perder el equilibrio. Dhamar y yo nos acercamos. Alcancé a detenerla.

—¿Estás bien?

Asintió.

—Existe mucha gente resentida con la vida —explicó mi esposa a los estudiantes, dando tiempo a Laura de recuperarse—, personas mentalmente enfermas que se arrastran en una degradación irreversible e intentan hacer caer a otros. La gente con SIDA merece todo el respeto, porque indudablemente se trata de un flagelo que ataca a niños y jóvenes, como Laura, ajenos a toda maldad. Pero entiéndanlo, al mencionar disfunciones, desviaciones, promiscuidad, vicio sexual y demás, hablamos de algo cotidiano. La sexualidad mal encauzada constituye una agresión contra la naturaleza humana. *Dios perdona siempre, los hombres a veces, pero la naturaleza nunca.*

Dhamar calló. Laura tomó la palabra casi de inmediato. Su tono de voz resultaba mucho más apagado:

—Siempre fui muy buena en los estudios —continuó—, mis profesores me auguraban un futuro exitoso. En el bachillerato ya había elaborado mi carta-objetivos para la vida. Pensé en todo... menos en el sexo. Nunca me impuse metas al respecto. Por eso simplemente me dejé llevar por las circunstancias cuando se me presentó la oportunidad. Amigos... yo no los conozco. Ustedes no me conocen. Estoy tomando una terapia psicológica con la doctora Dhamar para recuperarme de mi depresión. Por eso me atreví a venir. Mis días están contados. Lo único

---

[1] Laura acudió a algunos medios de comunicación para narrar su historia. Se trata de un caso real, sucedido a una joven de la ciudad de México. Su testimonio fue publicado en la revista *Eres* el 16 de mayo de 1993.

bueno que me queda por hacer es alertar a personas como ustedes. En esta época se vive toda una filosofía de la liviandad. No caigan en ella —se aclaró la garganta—. ¿Cómo les diré? A veces por la mañana despierto con la esperanza de que todo sea un error. Todavía no asimilo por completo lo que me sucede... Vivo una pesadilla que no le deseo a nadie. Pero a mí jamás se me habló claro. Nunca tomé un curso así ni conocí a ninguna joven con HIV...

La voz se le quebró. Se detuvo. Era demasiado tarde para ella. Pero por supuesto, y por fortuna, no para la mayoría de los muchachos de ese grupo.

—Gracias —le dije a la chica públicamente y a Dhamar con la mirada por haber insistido en traerla.

—¿Quieres que te lleve a casa? —le preguntó mi esposa.

—Sí, por favor...

La abrazó y salió del aula con ella.

Yo me quedé a terminar la explicación del tema.

❑

7. INFECCIONES DE TRANSMISIÓN SEXUAL

01. Además del SIDA, existen cinco enfermedades venéreas clásicas: gonorrea, sífilis, chancro blando, linfogranuloma venéreo y granuloma inguinal, pero no son las únicas ni las más frecuentes.[2]

02. Las enfermedades venéreas de incidencia superior que normalmente más se ocultan son: uretritis inespecífica o inflamación cervical, tricomoniasis, infecciones por clamidias, candidiasis genital, vulvovaginitis, proctitis, sarna, verrugas venéreas, pediculosis del pubis, molusco contagioso y herpes genital.[3]

03. Existen otras infecciones que pueden transmitirse también por contagio sexual: salmonelosis, giardiasis, amibiasis, hepatitis A y B e infección por citomegalovirus.[4]

04. Se estima que cada año se infectan de gonorrea en el mundo más de doscientos cincuenta millones de personas. La incidencia de la sífilis

---

[2] "Enfermedades de transmisión sexual", *El manual Merck...*, *cit.,* p. 279.
[3] *Ibid.*
[4] *Ibid.*

es mayor a cincuenta millones al año.[5] Los padecimientos venéreos representan casi la mitad de todas las enfermedades contagiosas que se reportan en los adultos,[6] aunque la mayoría no se reportan y son mal tratadas.

05. El organismo *NO PUEDE* crear anticuerpos *contra ninguno* de los padecimientos venéreos. Alguien que sane de gonorrea por la mañana puede contagiarse nuevamente por la noche.[7]

8. OTRO VIRUS PELIGROSO E INCURABLE

01. **Virus papiloma humano.** El CÁNCER DE CÉRVIX es el de mayor incidencia en la mujer. Varios son los factores etiológicos que lo producen. Uno es la infección crónica de virus papiloma. En la actualidad, este virus se considera factor etiológico importante de la neoplasia cervical y los carcinomas vaginales.[8] En otras palabras, se ha comprobado una altísima correlación entre la aparición de PÓLIPOS CANCEROSOS y el contagio de virus papiloma.[9]

02. El virus papiloma humano también es responsable de la aparición de verrugas especialmente grandes, "frondosas" y de aspecto muy desagradable en pene, ano, vagina, uretra, canal anal o boca, en caso de contagio por sexo oral. Suelen brotar en grupos. Para eliminarlas es necesario aplicar sustancias o usar métodos quirúrgicos, pero, aun eliminadas, con frecuencia son recurrentes. Si una mujer infectada da a luz por vía vaginal, el recién nacido suele contagiarse con el virus.

9. SÍNTOMAS DE ENFERMEDADES VENERÉAS

01. Muchas enfermedades de transmisión sexual son asintomáticas, pero es necesario acudir al médico de inmediato si existen señales sospechosas:

02. Comezón en los genitales o alrededor de ellos; ampollas, granos, bultos que revientan, llagas suaves, dolorosas o no; inflamación de

---

[5] *Ibid.*
[6] Stephen J. Bender, *Las enfermedades venéreas*, Edutex, San Diego State College.
[7] David Barlow, *Qué hay de cierto sobre las enfermedades venéreas*, Edamex, México, p. 9.
[8] "Carcinomas cervicales", *El manual Merck...*, *cit.*
[9] David Barlow, *op. cit.*, y Academia Nacional de Medicina, *op. cit.*

los ganglios inguinales; dolor o ardor al orinar; fluidos por el pene; secreciones vaginales blancuzcas, amarillentas o verdosas, con mal olor o sin él; deseos de orinar muy frecuentes; dolor sordo en la zona pélvica; comentarios o insinuaciones de molestias sufridas por una pareja sexual.

03. Ante cualquier sospecha de enfermedad venérea, es preciso acudir al médico de inmediato. No existe otra opción, no se puede postergar, ni dudar. Esconder el problema es un comportamiento sumamente peligroso.

04. En algunos de estos padecimientos, al avanzar a las fases mayores desaparecen los primeros síntomas, el paciente se cree curado y guarda el secreto sin saber que la enfermedad provoca silenciosamente grandes estragos en su organismo.

10. EL CONDÓN COMO MEDIDA PROFILÁCTICA

01. **El condón** *debe usarse*; sin embargo, ni aun los mejores y más resistentes preservativos garantizan una protección total contra contagios venéreos.

02. Por sentido común, no es conveniente confiar ciegamente en los condones. En ocasiones, antes o después del coito, se produce roce o intercambio de fluidos; además, el preservativo puede romperse o zafarse.

03. Es importante saber que los condones naturales son más inseguros que los de látex, que los viejos son más débiles, que el calor debilita sus fibras (un condón guardado en la guantera del auto o en una bolsa caliente conlleva riesgos), que es importante revisar cuidadosamente la fecha de caducidad impresa en algunas marcas y que debe manejarse con mucha precaución, siguiendo todas las reglas conocidas para su uso.

11. CONDONES O SOLUCIONES DE FONDO

01. En la sierra de Oaxaca existe una presa abandonada. Cerca de ella, una aldea de nativos fue atacada por cierta plaga de mosquitos especialmente agresivos. Los expertos determinaron que era inútil fumigar el lugar. La plaga sería controlada momentáneamente por el insectici-

da, pero después regresaría con más fuerza. Los mosquitos provenían de un lirio acuático que se criaba en la presa. Para acabar con ellos era necesario retirar el lirio, pero éste se formaba por la contaminación del agua. ¿Querían ayudar a la gente, solucionar el problema de raíz? Era preciso descontaminar el agua.

02. El concepto tan de moda llamado "sexo seguro" no es más que una campaña publicitaria para el uso de condones. *Los condones funcionan* sólo como solución superficial y temporal. Pero la plaga sigue ahí, fortaleciéndose, multiplicándose en silencio, en medio de los lirios de la corrupción social.

03. Tarde o temprano los especialistas reconocerán que ante un azote como el de la promiscuidad venérea no sirven de nada los insecticidas. Para erradicar el problema de raíz, es necesario acabar con la contaminación.

04. Es la sociedad la que se está pudriendo: el movimiento *gay* gana cada día mayor fuerza; los negocios más prósperos, fuera de la droga, se relacionan con sexo ilícito: prostitución, abortos, casas de citas, centros de masajes eróticos y pornografía; en las escuelas se promueve el amor libre; no es raro que el gerente seduzca a las empleadas; resulta normal saber de alguien que fue infiel a su cónyuge o que se acostó con otra persona.

05. El condón puede, a veces, constituir una ayuda, pero el problema no es tan superficial ni simple. Se trata de un problema de fondo.

12. UNA ÉPOCA DIFERENTE

01. Antiguamente muchos padres llevaban a sus hijos a "inaugurarse" con prostitutas: "Si mi hijo es varón tiene derecho a destramparse". Sin embargo, en la actualidad se sabe que las pirámides de promiscuidad a las que se incorporan millones y millones de jóvenes crecen y afectan día a día a millones y millones más.

02. El sexo es el don más bello dado al ser humano, el acto más hermoso e íntimo que pueden realizar dos personas. Pero con una salvedad: ES PARA VIVIRSE *ÚNICAMENTE* CON LA PAREJA DEFINITIVA.

03. La verdadera virtud se encuentra sólo en la fidelidad y la responsabilidad.

CUESTIONARIO PARA REGISTRO (punto 15)

01. Deduce la fórmula matemática para calcular el resultado de una pirámide de promiscuidad, según se aprecia en el párrafo 3.03. Si cada participante mantiene relaciones sexuales con cuatro personas, ¿cuál es su pirámide en el séptimo escalón? En el supuesto de que fueran cinco, ¿cuántas personas habrán participado en el noveno escalón?

02. ¿En qué consiste el proceso de aislamiento para infecciones contagiosas fulminantes? ¿Por qué es imposible su aplicación en el caso del SIDA?

03. ¿Qué tan seguro es vivir con una persona con SIDA? ¿Qué precauciones se recomiendan?

04. ¿Cuáles son las manifestaciones externas e internas del virus papiloma humano?

05. ¿Qué debe hacerse si se cree haber contraído alguna enfermedad de transmisión sexual? Menciona cinco síntomas que pueden avisar.

06. ¿Cuáles son las reglas conocidas para el uso del condón?

07. ¿Por qué se dice que los condones son soluciones superficiales?

08. En todo el mundo se ha emprendido una campaña para el uso del preservativo como solución única para el "sexo seguro". ¿Qué otro tipo de campaña recomendarías?

09. Si estuviera en tus manos diseñar algunos anuncios espectaculares o grabar comerciales de radio y televisión para esa campaña, ¿qué frases publicitarias usarías? Menciona al menos dos eslóganes originales.

10. Lee detenidamente los párrafos de este capítulo. En orden descendente escribe los cinco que te hayan parecido más importantes.

TAREA (punto 16)

01. Realiza un trabajo de investigación amplio sobre el virus HIV. Explica su comportamiento en el cuerpo, sus orígenes, los grupos de alto riesgo y los tratamientos descubiertos hasta la fecha.

02. Refuerza la memorización del esquema general del curso.

❑

Dhamar regresó después a la escuela y me ayudó a recoger las hojas de registro.

Me extrañó sobremanera desde el principio de la sesión ver la silla de Lucio vacía. No había faltado a ninguna clase desde que inició el curso. Salí del aula y me encaminé directamente a las oficinas. Pregunté a la secretaria si la doctora Norma podría recibirme; por toda respuesta, levantó el auricular de su teléfono para consultar con su jefa.

—Puede pasar.

Abrí la puerta con lentitud, sintiendo de inmediato el sofoco de un ambiente encerrado, cual si por varias horas, en ese recinto, nadie hubiese salido, entrado o abierto una ventana.

—Echamos de menos a Lucio en el salón —comenté a manera de saludo.

La directora me miró asombrada. Tal parecía que mis palabras hubiesen sido un dardo certero en el centro de alguna llaga.

—Lucio se encuentra muy mal. No quiere separarse de mí. Tampoco quiere salir...

—¿Por qué?

—Su amigo... ¡Trató de suicidarse...! Ese tipo de personas son extremadamente sensibles y se deprimen con facilidad.

—¿Ese... *tipo...*?

—Lucio ya no lo veía, había comenzado a cambiar de compañías. El curso parecía estar ayudándole, pero su amigo lo acosaba a todas horas.

Tomé asiento en el sillón para visitas sin pedir permiso.

—¿El amigo intentó suicidarse porque Lucio lo abandonó?

—No sé. Mi hijo fue a verlo al hospital. Hablaron. Cuando regresó, su aspecto había cambiado... Se veía triste, confundido, apocado...

Respiré profundamente sin saber qué decir. Abrí mi portafolios y extraje una carpeta.

—Aquí está el material que le prometí.

La doctora se limpió los ojos con la muñeca, tomó la carpeta y la hojeó.

—De modo que éste es el famoso curso...

—Sí. Revíselo y hágame sus comentarios, por favor.

Siguió pasando las hojas pero noté que no las veía realmente, sino que simulaba leer para ocultar su frustración. Un foco de alarma se prendió en mi mente.

Me ha dicho que su hijo no quiere salir, pero que tampoco quiere separarse de usted... ¿Significa eso que se encuentra aquí?

Me miró pasmada, como si hubiese descubierto un secreto.

Abandonó lentamente la carpeta sobre la mesa y levantó la voz:

—Lucio, ¿por qué no charlas con el doctor Efrén?

Nadie respondió.

—¡Inténtalo! —continuó hablando al aire—. Tal vez pueda ayudarte. Le interesas. Vino a preguntar por ti —se puso de pie—. Si quieres, yo salgo de la oficina para que platiquen a gusto —se dirigió a mí bajando la voz y gesticulando exageradamente—: Está ahí, en el armario. Los dejo a solas unos minutos.

La directora salió. ¡Qué situación tan extraña! Me lamenté de que Dhamar no estuviera presente. Tardé algunos segundos en reaccionar.

—Tu mamá ya se fue —me animé al fin—. ¿Por qué no sales?

Lentamente la puerta del armario se abrió. Lucio apareció como una momia recién despertada de su letargo. Le pedí que tomara asiento. Obedeció. Se sentó en el borde de la silla, apretando con las manos sus rodillas.

—¿Por qué no asististe a la sesión de hoy?

—Ya no quiero tomar el curso. Mi amigo es muy celoso.

—¿Celoso? ¿En qué sentido?

—Cree que voy a cambiar.

—¿Y qué hay de malo en eso?

—Yo soy su único aliado. No quiere que lo deje.

—¿Lo invitaste de oyente?

—Sí, pero afirma que usted es un enfermo mental lleno de prejuicios moralistas. Conoce su libro y me advirtió que si continúo el curso me convertiré en un mojigato.

No pude evitar una leve sonrisa, pero de inmediato la borré de mi rostro para preguntar:

—¿Has aprendido algo en las sesiones?

—Sí.

—Bien —disparé sin piedad—. En el salón tienes fama de coleccionar material especialmente sucio... Tu amigo fue quien te aficionó, ¿verdad? La homosexualidad se vincula con la soledad nociva más grave. Aplica lo que has aprendido. Abandona esa vida.

—¿Qué tiene de malo mi vida? —refutó.

—Te aseguro que en tu colección predomina la pornografía homosexual e infantil, ¿no es cierto?

—¿Y...? —se encogió de hombros—. Confieso que a veces vemos fotografías y películas de ese tipo, pero los heterosexuales hacen cosas peores que *nosotros*.

—No, Lucio. En la soledad nociva todos son pervertidos. Heterosexuales y homosexuales. Nadie puede jactarse de ser mejor que otro. La suciedad posee diferentes facetas. El fango crece debajo de tus pies. O te mueves rápido y en la dirección correcta o te hundirás con tu amigo.

El joven me miró primero asustado y luego irritado. Se puso de pie y comenzó a caminar en círculos.

—¿Por qué todo el mundo nos acosa? Mi amigo intentó suicidarse por eso. Nadie nos comprende. La homosexualidad no es una perversión, es una PRE-FE-REN-CIA. Además, es genética. La traemos, como quien dice, en la sangre. Algunos nacen con otro tipo de peculiaridades. No es culpa nuestra ser así.

Enmudecí. Era inútil discutir con él. Me di cuenta de que pocos temas del curso iban a ser tan polémicos y delicados. Lo que más me impresionaba era la terrible y alarmante falta de información al respecto. El asunto estaba rodeado de mitos. Muchos jóvenes viven experiencias homosexuales con la creencia absurda de "buscar sus preferencias". Constituye un problema latente en todos los hogares y escuelas. Recordé a Citlalli: *"Sonia es un tanto lesbiana. Bisexual, para ser más precisa. Era compañera de juegos íntimos de Magdalena"*.

—Lucio, deseo ayudarte, pero no sé cómo. Lo único que se me ocurre es pedirte, por favor, que no faltes a la próxima sesión.

En ese instante la secretaria entró sin tocar.

—¿Doctora Escandón?

—No está aquí —comenté.

—¿Sabe adónde fue? Me urge hallarla. Se presentó un problema fuera.

—¿De qué se trata?

—Los estudiantes... Se están peleando en la calle con el conductor de una motocicleta.

Lucio me miró asustado. Salimos de la oficina corriendo. Al pasar junto a la secretaria le pedí que llamara de inmediato a la policía.

La motocicleta tirada en el piso era idéntica a la que se subieron Sonia y Magdalena aquel día que cambió su suerte para siempre. Impulsado por una sobrecarga de adrenalina avancé a saltos hacia donde los jóvenes se arremolinaban gritando y discutiendo. En aquella ocasión no me fijé muy bien en la fisonomía del sujeto, pero mantenía la esperanza de que, si lo veía de nuevo, lo reconocería. Me sorprendió que la trifulca era protagonizada sólo por alumnos del curso. Dhamar y Citlalli se encontraban también ahí. Los jóvenes habían apresado a un chico enclenque y lo sacudían.

—¿Quién te prestó la motocicleta? —gritaba Sonia.

"¡Maldición!", pensé en cuanto lo vi. Distaba mucho de parecerse al galán alto que buscábamos.

—A ver —intenté calmar los ánimos—: ¿A qué has venido y de dónde sacaste esa moto?

—Sólo trato de encontrar amigas.

—¿Puede creerlo, profesor? —escupió uno de los compañeros del grupo—. ¡Viene a buscar amigas!

—Toma a tus amigas —Sonia dio un paso al frente y lo abofeteó—. ¿Quién te prestó la motocicleta?

El chico aprovechó el estupor que nos produjo a todos la inesperada bofetada y empujó a sus captores. Corriendo, se abrió paso entre los estudiantes, derribó a Lucio, quien se había atravesado para tratar de detenerlo, y puso en marcha la motocicleta. Alguien lo detuvo de la camisa pero no logró pararlo. La fuerza de la motocicleta le ayudó a escapar.

La policía llegó diez minutos después. Aunque encendió su sirena e intentó alcanzar al motociclista, como es lógico fue demasiado tarde.

TEMA 9
Homosexualidad

1. DIAGRAMA DEL TEMA

01. La homosexualidad proviene de una profunda soledad nociva. Puede conducir a la degradación irreversible. La única salida es regresar *sobre la misma ruta* y tomar el camino hacia la confusión (alto sexual) y la decepción.

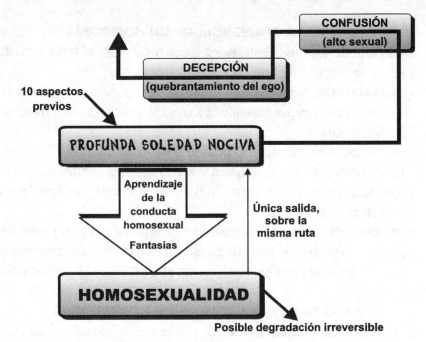

2. DEFINICIÓN

01. La homosexualidad es la inclinación manifiesta u oculta hacia la **RELACIÓN ERÓTICA** con individuos del mismo sexo y la práctica de dicha inclinación.[1]

---

[1] Real Academia Española, *Diccionario de la lengua española*,

133

3. LA COMUNIDAD HOMOSEXUAL ES IMPORTANTE

01. Aproximadamente cinco por ciento de la población adulta del mundo poseen atracción hacia personas de su mismo sexo. Alrededor de ocho por ciento de los varones son homosexuales. Dos tercios de los homosexuales, incluyendo mujeres, participan también de relaciones heterosexuales. Alrededor de veinte por ciento de los varones homosexuales y treinta y tres por ciento de las mujeres (lesbianas) se casan. Sólo cinco por ciento de los *gays* poseen aspecto afeminado.[2]

02. Indudablemente, esos millones de seres humanos merecen todo el respeto, derechos y garantías. Pero, ¿por qué son homosexuales? ¿Nacieron así? ¿Es cuestión de hormonas? ¿Son simplemente distintos, aunque normales?

4. ¿CUÁL ES LA APARIENCIA DE UN HOMOSEXUAL?

01. Según uno de los mejores tratados modernos sobre el tema,[3] existen cuatro estereotipos de homosexuales varones:

- **LLAMATIVOS.** Realizan movimientos femeninos, se maquillan y visten ropa de mujer (aunque la mayoría de los travestidos no son homosexuales).
- **MACHOS.** Amantes del fisicoculturismo, usan camisas ajustadas y pantalones ceñidos para ostentar sus abultados genitales.
- **AMANERADOS.** Hablan con voz suave y se mueven con ligeras muestras de dulzura.
- **NO IDENTIFICABLES.** Parecen completamente normales y no despiertan sospechas; la mayoría es así. En este grupo se encuentran los bisexuales, que mantienen relaciones con personas de ambos sexos.

5. RASGOS DE CARÁCTER DE UN HOMOSEXUAL

01. Melancolía. Son introvertidos, idealistas y artísticos. Por esta razón tantos homosexuales laboran en diseño de ropa, peluquería, decoración, música, ballet, drama, letras, cine y actividades semejantes. Su

---

[2] *El manual Merck..., cit.*

[3] Tim La Haye, *What Everyone Shuold Know Abot Homosexuality.* (En español: *Homosexualidad, lo que es, lo que hace y cómo superarla*, Mundo Hispano.)

temperamento extremadamente sensible los hace muy propensos a la depresión y a la tristeza.

02. Vulnerabilidad al rechazo. Al homosexual le duele mucho el rechazo social y el desaire incluso de los propios homosexuales. Casi todos relatan experiencias dolorosísimas de cuando un amante los abandonó por otro.

03. Hostilidad. Muchos homosexuales odian a los psicólogos que los llaman enfermos, a los religiosos que les dicen pecadores y a los heterosexuales que los tildan de pervertidos. Tienden a ser explosivos y volubles. Con frecuencia se enfurecen y agreden para después retirarse y echarse a llorar.

04. Mentira. La mayoría prefiere ocultar sus preferencias sexuales y adquiere una gran capacidad para engañar. Con frecuencia son capaces de mirar a los ojos y decir con aparente sinceridad una mentira que todos creerán verdad.

05. Infidelidad. Su vida transcurre en busca de una pareja estable, probando continuamente relaciones nuevas. Algunos alcanzan el número de mil amantes distintos en su vida.[4] Con excesiva facilidad tienen relaciones íntimas con nuevos conocidos. La fidelidad moral es casi nula, incluso entre quienes se unen para vivir juntos.

06. Búsqueda de lo erótico. Las lesbianas obtienen placer mediante la masturbación mutua y la estimulación oral de sus genitales. Los varones realizan exactamente lo mismo (un médico informó alarmado de la increíble cantidad de homosexuales con sífilis y gonorrea en la garganta[5]); sin embargo, además de la estimulación oral del pene, practican la penetración anal. Al principio la práctica puede resultar dolorosa, pero como el ano posee terminaciones nerviosas similares a las del glande terminan por sentir placer. Los homosexuales invariablemente buscan experimentar todos los aditamentos y posiciones posibles. En su búsqueda de mayores sensaciones introducen objetos cada vez más grandes al canal anal: plátanos, botellas, palos... Llegan a usar instrumentos sadomasoquistas. Un médico señaló que las

---

[4] El número de mil amantes parece exagerado, pero casi todas las obras sobre el tema mencionan este dato, incluso *El manual Merck...*, *cit.*

[5] Referido por Tim La Haye, *op. cit.*

personas que han adquirido la habilidad de "recibir el puño" se han provocado infecciones y dañado el músculo del esfínter.[6] Es difícil imaginar lo que ocurre en un balneario para homosexuales o en una orgía donde la única regla es que *todo está permitido*.

6. ¿CUESTIÓN DE HORMONAS?

01. Caracteres sexuales masculinos. Los andrógenos estimulan la aparición de vello en la cara, la voz ronca, el aumento de la masa muscular en pecho y brazos, etcétera. El andrógeno más activo es la testosterona, producida en los testículos. Las mujeres también poseen andrógenos, en menores cantidades, elaborados por las glándulas suprarrenales.

02. Caracteres sexuales femeninos. Los estrógenos estimulan la aparición de la voz aguda, el ensanchamiento de caderas, el crecimiento de los senos, etcétera. Son producidos sobre todo en los ovarios. Los hombres también poseen estrógenos, en menores cantidades, elaborados por las glándulas suprarrenales.[7]

03. En el cuerpo de hombres y mujeres circulan hormonas femeninas y masculinas, entremezcladas, no obstante, en un correcto equilibrio de acuerdo con el sexo respectivo.

04. Después de estudiar la androsterona y el efecto de la terapia con estrógenos se informó en el *John Hopkins Medical Journal* que **cuando se han efectuado análisis a homosexuales sumamente afeminados se han descubierto niveles hormonales normales.**[8]

05. Estudios contundentes han comprobado la **falsedad** de que las lesbianas o los *gays* posean más hormonas del sexo opuesto que del suyo propio.

06. Sólo en el raro caso del hermafroditismo (el bebé nace con los dos aparatos reproductores) se presenta la necesidad de definir el sexo mediante cirugía plástica y hormonoterapia;[9] fuera de esa situación excepcional, no existen pruebas de la existencia de ningún problema

---

[6] Referido por Tim La Haye, *op. cit.*
[7] Academia Nacional de Medicina, *op. cit.*
[8] Abraao de Almeida, *Homosexualidad, ¿enfermedad o perversión?*, Vida.
[9] Academia Nacional de Medicina, "Hermafroditismo", *op. cit.*

de nacimiento; además, se ha comprobado que ni los hermafroditas son homosexuales natos, pues siempre se comportan en relación con el papel sexual, *único*, en el que son educados.[10]

07. El doctor C. A. Tripp, reconocido psicólogo autor de *La matriz homosexual*, declara:

A través de los años, varios clínicos han administrado testosterona a homosexuales. Los resultados han sido uniformes: cuando hubo modificación de comportamiento, los individuos *se volvieron más como sí mismos que nunca*. Generalmente les aumentó el instinto sexual y a veces sus amaneramientos afeminados (cuando los tenían), pero *NO HUBO MODIFICACIÓN DIRECCIONAL EN SU INTERÉS SEXUAL*. Estos experimentos han hecho sumamente claro que las hormonas juegan un papel importante en *IMPULSAR* la sexualidad humana, pero no controlan su orientación.[11]

08. Abundan varoniles fisicoculturistas, a los que evidentemente no les faltan hormonas masculinas, con preferencias sexuales hacia su mismo sexo. Si se tratara de una cuestión de hormonas, hace muchos años que la homosexualidad hubiera desaparecido mediante la administración de medicamentos que proporcionaran las sustancias faltantes.

09. UN HOMBRE HOMOSEXUAL POSEE HORMONAS DE HOMBRE. UNA MUJER HOMOSEXUAL POSEE HORMONAS DE MUJER.

7. ¿Y SI EXISTIERA UN GEN GAY?

01. Los genetistas trabajan continuamente para descifrar los mapas genéticos. Hasta la fecha no hay ninguna evidencia de que exista un gen que predisponga a la homosexualidad, pero supongamos que algún día la ciencia descubriera un gen *gay*. La comunidad homosexual realizaría una fiesta pública. Tristemente, sería una fiesta por nada: los genetistas reconocen que si las personas no se dedican, mediante actos específicos, a aprender las facultades que "heredan" éstas jamás se manifestarán.

---

[10] Albert Ellis, *Arte y técnica del amor*, Grijalbo.
[11] Tim La Haye, *op. cit.*

02. Un caballo puede provenir de dos campeones de salto. Posee herencia genética, pero no llegará a las olimpiadas a menos que se le trabaje con la misma disciplina con que se trabajó a sus padres. Los descendientes de un alcohólico heredan predisposición genética al alcoholismo, pero nunca serán alcohólicos a menos que desarrollen la enfermedad a través de *conductas específicas*.

03. Debe quedar muy claro que es imposible tener una característica conductual por mucho que genéticamente se posea la predisposición a ella, a menos que se haga "conductualmente" algo por desarrollarla. Los genes sólo indicarían *mayor o menor facilidad* para desarrollar la característica.

8. CONDUCTA HOMOSEXUAL APRENDIDA

01. ¿A que se debe, entonces, la conducta invertida? "La dirección de los impulsos sexuales depende de la manera de pensar y de las actitudes aprendidas del medio ambiente."[12] La clave es el cerebro.

02. Una compleja computadora neuronal almacena programas de comportamiento aprendidos desde la infancia. Somos lo que poseemos en el cerebro.

03. El problema del homosexual no es hormonal ni hereditario, sino estricta y absolutamente UN PROGRAMA GRABADO EN LA COMPUTADORA CEREBRAL, un problema de *conducta aprendida*.

04. En todo aquel que se vuelve homosexual se presentan invariablemente varios pasos:

9. PRIMER PASO: PREDISPOSICIÓN

01. Si una persona ha vivido *alguno* de los siguientes puntos, no significa que sea homosexual, sino sólo que es más sensible a *aprender la conducta*. Igualmente, habrá homosexuales que tal vez no hayan vivido varios de los puntos. Cuantos más aspectos coincidan, más propensa será la persona al problema. Así, pueden ser síntomas de predisposición:

• **Tener un padre distante y una madre dominante.** La típica combinación de padre frío o ausente y madre neurótica que resuelve

---

[12] Wardell Pomeroy, en Albert Ellis, *op. cit.*

todos los problemas del niño, lo sobreprotege y lo obliga a depender de ella.

- **Ser criados sin orden.** Crecer sin equilibrio de *amor legítimo y disciplina clara.*
- **Vivir inseguridad respecto a su identidad sexual.** El comentario "debiste haber sido niño(a)" provoca problemas de identidad sexual. La mayoría de las lesbianas travestidas creció con el constante reclamo de "¿por qué no fuiste hombre?"
- **Recibir burlas de compañeros.** Lo único que necesitan los niños sin un ejemplo masculino claro para considerarse afeminados es que sus amigos les digan constantemente "mariquitas".[13]
- **Cultivar un carácter melancólico.** Sensibilidad extrema, romanticismo, introversión, idealismo, melancolía, etcétera (véase párrafo 5.01).
- **No vivir adecuadamente su *segunda* etapa infantil.** En los niños existen tres etapas: *Primera etapa, "asexual":* hasta los seis años aproximadamente; conviven niños y niñas; ambos se disfrazan de mamás o papás; juegan muñecas o cochecitos sin importar el sexo. *Segunda etapa, "sólo amigos como yo":* de los siete a los trece años, aproximadamente; los niños se separan de las niñas; es común que unos desprecien los juegos de los otros; es la etapa de la *identidad sexual*; si a esta edad un niño juega sólo con niñas, o viceversa, nos encontramos ante una señal de peligro, pues al invertirse esta etapa con frecuencia se invierte también la siguiente. *Tercera etapa, "heterosexual":* de los trece años en adelante; se aprende la atracción por el sexo opuesto; se comienza a soñar en el noviazgo.
- **Sufrir abuso sexual en la niñez.** La gran mayoría de los homosexuales ha sufrido incesto, violación o abuso de algún tipo en su infancia.
- **Sentir un interés prematuro por el sexo.** Ver el acto sexual o pornografía provoca en el niño morbo precoz, malicia o asco, lo que suele provocar rechazo subconsciente a las relaciones heterosexuales.

---

[13] Deerfield S. I. McMillen, *Ninguna enfermedad*, Vida, Florida.

- **Tener en la niñez contacto cercano con homosexuales.** Algunos "reclutan" niños despertando sus instintos de manera prematura: les muestran pornografía, les ofrecen amistad o dinero (si los homosexuales no realizaran este reclutamiento podrían desaparecer ya que no se reproducen). Niños de diez a dieciséis años son entrenados así para la prostitución. Se sabe que, en muchas ciudades, existe una prostituta por cada "prostituto" para homosexuales.
- **Participar en masturbación colectiva.** Generalmente, un chico mayor dirige a los más jóvenes a masturbarse en grupo. La masturbación colectiva para ver quién eyacula más rápido o más lejos es una práctica relativamente común y quienes se reúnen con frecuencia para realizar este tipo de competencias tarde o temprano terminan intentando la penetración anal.

10. SEGUNDO PASO: FANTASÍAS HOMOSEXUALES

01. El cuerpo es siervo de la mente, y ésta puede ser condicionada o dirigida. Quien, después de la pubertad, aprende a sentir gusto por las cualidades físicas del mismo sexo acabará sintiendo atracción por alguien de su sexo.

02. Los homosexuales que se casan con una persona del sexo opuesto retomarán la vida homosexual *si se siguen permitiendo fantasías*. Las fantasías homosexuales producen apetitos homosexuales.

03. En las cárceles, donde se presenta una gran promiscuidad, muchos hombres son usados como elementos femeninos en relaciones homosexuales, pero al recuperar la libertad vuelven a ser completamente heterosexuales. ¿Por qué? Porque *no llenaron su mente con fantasías* relacionadas con su mismo sexo.

11. TERCER PASO: RELACIÓN HOMOSEXUAL

01. Este paso y el anterior pueden invertirse en orden y el resultado será el mismo. Primero la experiencia y luego fantasear, o viceversa.

02. Un muchacho con predisposición sólo requiere *aprender cómo se tienen* relaciones homosexuales *teniéndolas*. La primera vez suele ser forzado a ello.

12. COMPLETAR EL PROCESO

01. Al pensar que la experiencia no fue en realidad tan desagradable, se cae en el círculo vicioso de homosexualidad física/homosexualidad mental. Entonces, de forma consciente o no, se buscará o provocará un nuevo encuentro con alguien del mismo sexo.

02. Los homosexuales dicen: "Dios nos hizo de esta manera", "Siempre hemos sido diferentes", "Así nacimos", "No podemos evitarlo", *pero nadie se vuelve homosexual a menos que lleve a cabo todos los pasos*.

03. Nótese que no existe manera de llegar a ser homosexual sin el permiso *voluntario* de la mente. Las fantasías homosexuales en la intimidad son el punto más crítico de la soledad nociva.

04. En definitiva, no se trata de una cuestión genética, ni se trae en la sangre. **El homosexual no nace,** *se hace.*

13. LA BATALLA INTELECTUAL

01. Los homosexuales son normalmente muy inteligentes y capaces. Su carácter melancólico los lleva a prepararse más que muchos heterosexuales. Trabajan en el arte, en revistas y periódicos, además de incursionar con gran éxito tanto en la política como en la ciencia. Por eso es común encontrar infinidad de artículos que justifican o defienden la homosexualidad.

02. Psicólogos como Havelock Ellis o Alfredo Kinsey elaboraron informes para demostrar que la homosexualidad era involuntaria, e incluso positiva (Kinsey asegura que *todos* los seres humanos poseemos tendencias homosexuales y es *normal* llevarlas a la práctica en algún momento), pero es sabido que los informes estaban encaminados a justificar sus propias desviaciones.

03. Havelock proclamó que Da Vinci, Miguel Ángel, Shakespeare, Goethe, Wilde y Tchaikovski alcanzaron el éxito *gracias* a que eran homosexuales. Nunca se le ocurrió que fueron grandes *a pesar* de su homosexualidad o que pudieron ser aún más grandes si no fueran homosexuales.

04. Los homosexuales siempre se muestran activos y en campaña intelectual para convencer a la gente de lo positivo de sus prácticas. Escritos manipulados por ellos han confundido a millones de heterosexuales, haciéndoles creer que la conducta invertida es normal, y a millones de homosexuales, que se justifican y escudan enarbolando artículos "pro *gay*".

14. ¡FUERA LOS TABÚS!

01. En carteles al frente de una manifestación en Nueva York se leía: *"Exigimos que se legalice el matrimonio homosexual", "Abajo los prejuicios", "Déjennos seguir nuestra naturaleza"*.

02. ¿Es cuestión de tabús, como ellos dicen? ¿Se puede creer que la escena de un hombre penetrando analmente a otro hombre sea *natural*? ¿Puede sugerirse que dos mujeres que viven un erotismo entre ellas adopten a un niño para que crezca *"naturalmente"* en un hogar lesbiano?

03. El ser masculino y el femenino poseen un diseño perfectamente complementario. Cada uno tiene lo que al otro le falta, y viceversa. Hombre y mujer embonan naturalmente, lo cual significa que fueron creados para las relaciones heterosexuales.

04. La homosexualidad se acerca mucho a la degradación irreversible. Es una conducta tan antinatural como las relaciones sexuales entre padres e hijos y está muy lejos de DIGNIFICAR al ser humano.

15. TRATAMIENTO PARA EL HOMOSEXUAL

01. La conducta invertida no es una enfermedad; por lo tanto, no puede curarse. Es una conducta aprendida y sólo puede ser tratada psicológicamente.

02. Si se analizan las características de un homosexual (melancolía, rechazo, hostilidad, mentira, infidelidad y erotismo), es fácil comprender que no son *felices* como ellos dicen (*gay* significa 'feliz').

03. Para que un alcohólico o drogadicto se rehabilite, el primer reto es que su egocentrismo se quebrante y reconozca que desea dejar el vicio. El principal problema de los homosexuales es que su ego es más duro que el de los alcohólicos. No reconocen estar mal.

04. Cuando un homosexual busca a un consejero, suele ser porque su amante lo abandonó o porque tiene problemas con su esposa, padres o amigos. Pocos desean cambiar. Casi todos han adquirido una enorme adicción sexual y lo único que anhelan es ser aceptados como son.

05. Los científicos afirman: "Es posible someter a los homosexuales a determinados tratamientos a fin de despertar su interés en las actividades heterosexuales y, en algunos casos, se volverán cien por ciento heterosexuales en orientación y prácticas".[14] "Sin embargo, el tratamiento no está indicado cuando no son ellos VOLUNTARIAMENTE quienes lo solicitan".[15]

16. PARA DEJAR LA HOMOSEXUALIDAD

01. Romper el círculo vicioso de "fantasías mentales y prácticas".

02. Estar dispuestos a sufrir un síndrome de abstinencia similar al de los drogadictos.

03. Buscar ayuda de un grupo, *no de homosexuales,* sino de heterosexuales maduros con gran solidez *espiritual.*

04. Quebrantar el enorme egocentrismo, controlando la ira y los impulsos explosivos.

05. Aprender a amarse a sí mismo, respetarse y aceptar el sexo original.

06. Evitar lugares de reunión con *gays*, cortar las amistades homosexuales.

07. Vivir los pasos de la decepción, para llegar a la soledad edificante.

08. JAMÁS PERMITIRSE OTRA AVENTURA HOMOSEXUAL, pues al igual que en el caso del alcohólico recuperado, que no se permite un solo trago, las recaídas, "como una excepción", pueden resultar fatales.

17. ¿DEBEMOS ACEPTAR A LOS HOMOSEXUALES?

01. Si el homosexual fuera adicto a alguna *sustancia*, la gente entendería que necesita cambiar por su propio bien; pero como su adicción es *sexual* y en este tema se ha difundido la creencia de que cada quien debe hacer lo que le plazca, muchos han optado por defender el movimiento *gay*, pregonar que no son culpables y que necesitan nuestro apoyo y comprensión.

02. En parte es cierto: *Necesitan comprensión, pero no apoyo.*

---

[14] Albert Ellis, *op. cit.*
[15] *El manual Merck..., cit.*

143

03. NO SE DEBE RECHAZAR A LOS HOMOSEXUALES, PUES SON SERES HUMANOS ESENCIALMENTE IGUALES A LOS DEMÁS. NO OBSTANTE, TODOS, INCLUSO ELLOS MISMOS, **DEBEN RECHAZAR TAJANTE Y ENÉRGICAMENTE LA *CONDUCTA* HOMOSEXUAL.**

04. Esta conducta es aprendida y por lo tanto reversible: ellos pueden recuperar su naturaleza heterosexual. Si quieren...

CUESTIONARIO PARA REGISTRO (punto 17)

01. Menciona algunas estadísticas sobre los homosexuales.

02. En el párrafo 4.01 se describen los cuatro tipos de homosexualidad masculina. El lesbianismo manifiesta estilos similares pero opuestos. Cambia las palabras en cada frase para describir los tipos de homosexualidad femenina.

03. Explica los seis rasgos de carácter de un homosexual y cómo se relacionan entre sí.

04. ¿Cuál es la función de las hormonas? ¿Por qué al administrar hormonas no se modifica la dirección de las preferencias sexuales?

05. ¿Qué es un hermafrodita? ¿Suele ser homosexual?

06. ¿Existe alguna alteración genética u hormonal que predisponga hacia la homosexualidad?

07. ¿Por qué la existencia de un gen *gay* no sería determinante para que alguien fuera homosexual?

08. Si la conducta homosexual no es hereditaria ni biológica, ¿cómo se explica?

09. Elabora un resumen de los pasos indispensables para convertirse en homosexual.

10. ¿Cuáles son las etapas normales de la atracción sexual en la niñez? ¿Cómo se manifiestan estas etapas en algunos homosexuales?

11. ¿En qué consiste la lucha intelectual de los homosexuales?

12. ¿Cómo se reprograma la computadora cerebral para corregir la conducta homosexual?

13. Elige los cinco párrafos que consideres más importantes de esta sesión. Escríbelos en tu carpeta de párrafos preferidos.

TAREA (punto 18)

01. Con la ayuda del libro *Juventud en éxtasis*, elabora un análisis e interpretación del Cantar de los Cantares, que se utilizará en la siguiente sesión. Resume el poema bíblico y anota tus opiniones personales al respecto.

❑

Durante la exposición, los estudiantes mantuvieron un ambiente de gran concentración. Lucio tosió y se encorvó en la silla varias veces, para erguirse de tanto en tanto. Al final se veía agotado y despeinado, como quien ha realizado un gran esfuerzo físico. Sonia, por el contrario, parecía serena. Había escuchado con enorme atención, como si al frente se explicasen las instrucciones para sobrevivir a la destrucción del mundo.

Dhamar regresó a su consultorio. Yo me quedé un rato más.

Vi a Lucio solo, tomando un refresco en la cafetería. Me acerqué a él:

—¿Puedo sentarme?

—Claro.

—¿Estás molesto?

—No. Sólo que siempre he vivido confundido.

—Y ahora más.

—Así es... Existe, como usted dice, mucha información contradictoria. Podemos elegir la versión que se amolde mejor a nuestra conveniencia... Lo que se acaba de exponer... —hizo una pausa— no me agrada. A la mayoría de los homosexuales no le agradaría, pero brinda una pauta muy clara de lo que nos ocurre *en realidad.*

—Me halaga que pienses así.

—A mí me mortifica. Tengo miedo. El reto de cambiar... Usted me entiende...

—¿Cómo se encuentra tu amigo?

—Mal. Él siempre está mal.

—Seguramente posee su propia historia.

—Sí. Coincide, como la mía, con algunos de los puntos que estudiamos. A los siete años vio a su mamá practicando el acto sexual con un hombre que llevaba películas pornográficas a su casa. Desde niño se familiarizó tanto con ellas que comenzó a coleccionarlas y a buscar cosas cada vez más fuertes, hasta que encontró material pornográfico homosexual. Es un hombre normal muy apuesto, las mujeres se derriten por él, pero vive una doble vida. En el fondo odia a las chicas porque odia a su mamá. No es amanerado, pero sí sumamente voluble.

Asentí. Vaya que coincidía...

—Me comentó la doctora Norma que intentaste dejarlo.

—No pude.

—¿Te amenaza?

—Me mangonea emocionalmente.

—¿Y por qué no le hablas claro? ¿Por qué no le demuestras firmeza en tus nuevas convicciones?

Bajó la cabeza.

—Yo no tengo nuevas convicciones. Siempre he sabido que estoy mal, pero no puedo evitarlo. Las mujeres no me llaman la atención. Estoy enamorado de *él*... Me ha dañado mucho y lo odio, y a la vez no puedo dejar de amarlo. Es desesperante. Sé que no me conviene, porque está medio loco, pero quisiera ayudarlo. Necesita mucha ayuda. Es un buen muchacho...

Permanecí como envuelto por una cubierta pegajosa mirando a Lucio, imposibilitado para moverme. Sentí mi impotencia.

—Lo que pueda hablarse en un curso —comenté con voz baja— es palabrería hueca, frases sin esencia, a menos que intentes llevarlo a tu contexto vital y aplicarlo...

—No puedo —contestó—. He caminado toda la vida hacia un determinado rumbo; en el curso se dijo que la única salida es regresar sobre la misma ruta. Yo no me creo capaz de desandar el camino. En alguna ocasión traté de saber qué era el sexo con mujeres, pero las chicas me decepcionaron. No conozco a ninguna muchacha sincera. Las únicas caricias gratificantes las he vivido con hombres... Sobre todo con mi amigo...

Me invadió la tristeza. Comprendí por primera vez lo difícil que debe de ser para un homosexual cambiar. Sentí deseos de estrechar al chico como si fuera mi hijo, pero me contuve pensando en que mi gesto podría ser malinterpretado. Luego rectifiqué tan absurdo razonamiento y me incliné sobre la silla para abrazarlo en señal de aprecio. Lucio aceptó mi abrazo y comenzó a llorar en mi hombro con verdadero dolor.

"Los homosexuales necesitan comprensión, pero no apoyo." La frase se repetía en mi mente... Él sabía que rechazaba su conducta, pero la auténtica comprensión empieza en el no juzgar. Yo no podía ser el modelo masculino del que careció; no obstante, sí me era posible ser su amigo, y amigos, en la definición más básica, son las personas que se aceptan tal como son...

Dejé a Lucio en la cafetería y caminé por el pasillo con la mente envuelta en una vorágine. Repentinamente una chica comenzó a gritar de manera desquiciada, corriendo desde el fondo del edificio.

—Auxilio. ¡Por favor! ¡Por lo que más quieran!

Topó conmigo. La detuve por los hombros.

—¡Cálmate! ¿Qué ocurre?

—Por el amor de Dios... —lloraba como si tuviese un cuerpo extraño atorado en la tráquea—. ¡Que alguien la ayude!

—¿Que ayude a quién? ¿Qué rayos sucede?

—¡Sonia! Se lo suplico. Llamen a una ambulancia —señalaba hacia los sanitarios con el índice.

Corrí con algunos jóvenes hacia el lugar.

—¡No puede ser! ¡No *aquí*! —exclamó otra muchacha.

—Dios mío...

La amiga de Magdalena se encontraba en el piso, contorsionándose en medio de un charco de sangre.

Unos chicos fueron a avisar a la directora.

—¿Qué te pasó? —le pregunté a Sonia agachándome para examinar la herida.

—Alguien me clavó una navaja en la pierna.

En efecto. El arma estaba tirada a unos pasos. Parecía que le hubiesen cortado alguna arteria pues la hemorragia era impresionante. La situación distaba mucho de parecer una broma estudiantil. Todos se miraban unos a otros. O el criminal había entrado a la universidad mezclándose con ellos sin ser reconocido, o uno de los propios alumnos era cómplice de la banda responsable del asesinato de Magdalena.

Unos minutos más tarde llegó la directora. Poco después la ambulancia. Sacaron a la chica en una camilla. Sangraba copiosamente y se quejaba.

Los padres de Sonia, Dhamar, Citlalli, un buen número de estudiantes y yo pasamos la tarde en el hospital. Lucio también se encontraba ahí. Sabíamos que, de alguna forma, todos peligrábamos un poco.

La herida de Sonia era profunda pero no grave. Los médicos la suturaron y decidieron mantenerla en observación durante veinticuatro horas.

Nos despedimos de ella cariñosamente. Comentó que lo único que lamentaba era no poder asistir a la siguiente sesión. El interés general había crecido tanto que los muchachos querían participar activamente en el curso. Dhamar le aseguró que ella le explicaría personalmente el tema. Sonia se lo hizo prometer, antes de aceptar que nos retiráramos.

TEMA 10
Espera edificante

1. DIAGRAMA DEL TEMA

01. La espera edificante conduce a la dignidad y al noviazgo constructivo. Constituye el punto de partida ideal para aquellas personas con una cultura sexual completa. Por desgracia, en esta época pocos jóvenes inician aquí. A la espera edificante llegan, casi siempre, después de vivir confusión y decepción.

2. DEFINICIÓN

01. Se llama espera edificante un estilo de vida en que la persona ya no busca la felicidad fuera de sí, sino en su interior, en un acto continuo de reflexión y fortalecimiento del espíritu.

02. En la espera edificante se siembra la semilla de la dignidad y se inicia la limpieza del mapa sexual.

3. METÁFORA DE LOS CINCO COFRES

01. Imaginemos que cada ser humano posee cinco cofres para guardar sus valores. Como es imposible dar lo que no se tiene, la riqueza almacenada en esos cofres determina la calidad y cantidad de lo que se puede compartir con los demás.

02. Naturalmente, en la vida hay asuntos más valiosos que otros. Por eso pueden clasificarse según su importancia.

03. El **primer** cofre es el *público*. En él se guardan las ideas y estilos de convivencia que se usan en la vida social. Todos los *conocidos* tienen fácil acceso a ese primer cofre.

04. El **segundo** cofre es el *cordial*. En él se guardan elementos para compartir especialmente con compañeros de trabajo, de estudios o de clubes. A él acceden las amistades que se frecuentan en proyectos afines.

05. El **tercer** cofre es el *fraternal*. Guarda los valores para dar sólo a quienes se ama: los tres o cuatro amigos reales y la familia.

06. El **cuarto** cofre es el *de pareja*. En él depositan aspectos más exclusivos, únicamente para los enamorados.

07. El **quinto** cofre es el *íntimo*. Emociones secretas, recuerdos, anhelos profundos y mapa sexual, sólo para los esposos.

08. En la espera edificante se adquiere conciencia de la existencia del quinto cofre, se comienza a cuidarlo y a enriquecerlo, al descubrir que en él se guarda el único "capital afectivo" que podrá regalarse a la pareja definitiva.

4. CAPITAL AFECTIVO

01. Cuando dos personas se casan, unen sus quintos cofres en uno solo, embonan sus mapas sexuales y realizan una valoración de su *capital afectivo*.

02. Si el capital afectivo es grande, la relación es fuerte, pues ambos poseen mucho por qué luchar.

03. Si el capital afectivo es pequeño, la relación es débil, ya que no existen cosas comunes que conviertan esa unión en algo especial.

5. DEPÓSITOS Y RETIROS DE CAPITAL

01. El quinto cofre se asemeja a una cuenta bancaria en la que se realizan depósitos y retiros. La pareja debe cuidar, toda la vida, esa *cuenta*.

02. Cuando un esposo grita, falta al respeto o incumple la ética del compromiso conyugal, se produce un *retiro de capital afectivo*.

03. Cuando un hombre muestra detalles cariñosos, regala flores a su esposa sin motivo alguno o es amoroso y considerado, se produce un *depósito al capital*.

04. Las parejas se divorcian cuando han hecho más retiros que depósitos. Se divorcian cuando su saldo está en rojo y no les queda nada por qué luchar.

05. Lo interesante del capital afectivo es que comienza a formarse desde mucho tiempo antes de conocer a la pareja definitiva.

6. LA JOYA DE LA SEXUALIDAD

01. ¿Por qué es tan difícil perdonar una infidelidad sexual? ¿Por qué es tan valioso reservar la sexualidad para la pareja definitiva? Porque la sexualidad es el valor más grande del quinto cofre, el aspecto más íntimo y personal que se puede compartir.

02. Cuando el ser humano confunde la joya de su sexualidad con genitalidad, pierde conciencia de su valor y tiende a regalarla a cualquiera que pase cerca (como lo haría un gato o un mandril).

03. No valorar la sexualidad se traduce en retiros de patrimonio del quinto cofre, un acto tan incoherente como tirar el dinero para luego pedir limosna, o patear la comida para después morirse de hambre.

7. LA RESTITUCIÓN DEL CAPITAL PERDIDO

01. La mayoría de las chicas o chicos que han vivido la soledad nociva suele caer en una espiral de relaciones sexuales sin fin. Piensan que, después de todo, ya no tienen nada que perder. Pero se equivocan.

02. El éxito de la relación definitiva futura depende de que el joven se detenga en la *espera edificante* y comience a hacer refulgir sus valores, en vez de seguir repartiéndolos y abaratándolos.

03. Quien ha mantenido relaciones sexuales en el noviazgo necesita cortar los encuentros íntimos hasta que se consume el compromiso matrimo-

fortalecerá el quinto cofre de ambos, los conducirá a la dignidad sexual y dará a la relación la posibilidad de vivir a largo plazo.

8. CHICAS FÁCILES EN UN MUNDO MACHISTA (Citas[1])

01. "Una mujer sexualmente fácil se etiqueta como la persona adecuada para jugar y divertirse con ella. Una chica sexualmente difícil se etiqueta como la persona ideal para una relación más seria y duradera."

02. "Los hombres dicen a la muchacha con la que quieren tener relaciones sexuales que hacerlo es una muestra de modernidad y madurez, mas, secretamente, desean casarse con otra que tenga un mapa sexual limpio y anhelan un quinto cofre lleno de riqueza."

9. CASÁNDOSE CON EL MAPA SIN LIMPIAR

01. Muchos varones de ideología liberal aseguran que no les importaría casarse con una mujer con extensa experiencia en el campo sexual, pero la naturaleza masculina los impulsa a ser líderes únicos de su pareja.

02. Al compartir el capital afectivo, el varón puede sentir **CELOS RETROSPECTIVOS**, atormentarse al imaginar las experiencias sexuales que vivió su pareja y pensar mil tonterías, como "¿En brazos de quién habrá tenido sus primeras (y más emocionantes) relaciones?", "¿No recordará, al tocar mi cuerpo, el de otro hombre que la haya hecho vibrar antes?", pensamientos absurdos aunque dolorosos, a los que muchos nunca se acostumbran.

10. ¿SI ESTUVE EN SOLEDAD NOCIVA, DEBO OCULTARLO?

01. Cierta joven preguntaba en una carta: *"Tengo un nuevo novio al que quiero mucho; si le comento que me he acostado con otras personas, voy a despertar en él celos retrospectivos; además, tal vez ya no me respete igual. ¿Qué debo hacer?"*

02. La honestidad es uno de los valores más importantes en la pareja. Si una persona no es honesta desde el principio, depositará basura en el quinto cofre y condenará a muerte la relación.

---

[1] C. C. S., *Juventud en éxtasis*, cit.

03. El novio puede desilusionarse o sentir celos retrospectivos, pero ella debe decir la verdad de cualquier forma y cuanto antes mejor. Si entre ellos existe amor, juntos enriquecerán de nuevo sus cofres, él aprenderá a amarla tal como es, con sus virtudes, sus defectos y su pasado.

11. VIRGINIDAD Y ESPERA EDIFICANTE

01. El himen representaba antiguamente la espera edificante. Por eso era tan preciado. En la actualidad se sabe que esa membrana no posee en sí ningún valor. Es como un cheque. El papel no vale nada, lo que vale es cuanto representa. No obstante, cada vez son más comunes los cheques sin fondos.

02. Algunos padres "modernos" y libertinos realizan una incisión quirúrgica en el himen de sus hijas para que vivan sin ese "prejuicio social". Ciertas mujeres conservan el himen (para llegar "vírgenes" al matrimonio) manteniendo relaciones por vía anal u oral. Por otro lado, algunas lo han perdido practicando ejercicio.

03. En realidad, lo valioso de una mujer o de un hombre no es una membranilla sino un mapa sexual limpio en un quinto cofre lleno de riquezas.

04. La virginidad no necesariamente da valor a la persona; sólo la espera edificante lo hace.

05. Quien haya tenido relaciones sexuales puede volver a ser virgen (reconstruir su quinto cofre) en la espera edificante.

12. COMERSE JUNTOS EL MERENGUE (Lectura[2])

—El reto de la espera edificante también es para los hombres. Quienes respetan a la mujer y su sexualidad no son "maricones", como suelen decirles los libertinos, sino verdaderos hombres de los que cada vez hay menos.

—Pero, un momento. ¿Qué pasa si el hombre cándido e idealista guarda su sexualidad para su "princesa" y después se da cuenta de que tuvo sexo treinta veces con otros antes que con él? ¡Lo siento, doctor, pero no voy a arriesgarme a ser el idiota que necesite ser enseñado por una mujer experta!

---

[2] C. C. S., *Juventud en éxtasis, cit.*

—¡Por supuesto! —respondió el médico sin ocultar un dejo de molestia en su tono—. Si piensas casarte con una loba sexual, te recomiendo que salgas a la calle ahora mismo a buscar las más pedagógicas experiencias; debes estar preparado por si tu mujer te aplica una llave erótica o te muerde en el sitio recóndito que enloquecía a su amante anterior. Pero, por favor, acéptalo. Si aspiras a hallar una compañera como tú, ¿cuál es la urgencia por adelantártele? Aprende a esperar por ella. Vive la vida intensamente, ¡pero a su lado! El sexo es como un pastel de cumpleaños. No te comas el merengue antes. Partan juntos el pastel en su momento, deja que ella te sirva una rebanada, sírvele otra a ella y cómanselo unidos disfrutándose mutuamente.

13. ENCUENTRO INELUDIBLE

01. En la espera edificante el ser humano vive momentos de introspección muy profundos. Percibe que necesita un propósito en la vida, reclama su razón de existir, reconoce su necesidad de servir, amar y trascender.

02. En la espera edificante la persona se percata irremediablemente de un vacío interior; entonces se introduce en las profundidades de su ser en busca de la paz que tanto anhela. Así encuentra a Dios.

03. El encuentro espiritual puede ser tan demoledor que lo obligue a entregarse completamente a otra forma de ser y de pensar.

04. Si hubo errores sexuales en el pasado, quedan borrados; si hubo confusión, soledad nociva o decepción, las heridas quedan sanadas.

05. Dios puede restaurar los mapas sexuales más dañados. Cuando Él interviene en la espera edificante, la persona recupera su riqueza interior y el cofre se llena de valores, principios, conceptos positivos y fuerza espiritual.

14. REGALO DE DIOS

01. La Biblia incluye un libro denominado Cantar de los Cantares, el cual, acreditando a las metáforas su significado más obvio, muestra cómo Dios diseñó para los hombres un cuerpo fundamentalmente sexual y cómo ¡el placer erótico es algo planeado, organizado y ordenado por el mismo Creador! Un regalo de bodas para la pareja.

15. LLAMADO ESPIRITUAL (Citas[3])

01. "Mientras los jóvenes sigan buscando sólo placeres para vivir, seguirán vacíos, dando tumbos, sufriendo, como sedientos en el desierto."

02. "La arrogancia y el orgullo forman la única barrera capaz de separarnos del amor del Creador."

03. "Si el sexo es un regalo de Dios para el matrimonio, es fácil comprender por qué los jóvenes libertinos rechazan a Dios con tal vehemencia: han tomado su regalo por anticipado. Es como si un padre prometiera el obsequio de bodas más extraordinario a su hijo amado y éste, impaciente, lo hurtara para gozarlo antes de lo pactado. Seguramente el padre perdonaría el robo, pero el chico, en cambio, no sería capaz de volver a mirar a su progenitor a la cara."

16. LA MIRADA DE DIOS (Lectura)

Éste era un joven que había caído en libertinaje sexual. En un bacanal lo drogaron y estuvo apunto de perder la vida. Se sentía vacío, miserable. Experto en amores, no conocía el amor. Siempre se había burlado de ese sentimiento "ciego", asegurando que era sólo para mujeres y bobos idealistas; no obstante, ya no quería burlarse, ya no podía hacerlo. Cuando estuvo cerca de la muerte se percató de su profunda soledad. Estaba harto de pornografía, masturbación y aventuras rápidas. Deseaba contar con alguien a quien respetar y amar honestamente, con quien compartir los momentos alegres y los tristes, con quien permanecer juntos en la adversidad, a quien brindar una frase de consuelo, de ánimo, de apoyo. Ansiaba conocer a una mujer a quien entregar el alma y el corazón sin condiciones, sin fingir más; sobre todo, una mujer dispuesta a entregarle también su alma y no sólo su cuerpo...

Pero, ¿cómo conocer a alguien así? ¿Dónde hallarlo? ¿Y si lo encontraba, cómo ganar su respeto? ¿Cómo lograr que una chica con valores elevados lo amara? ¿Como cambiar su pasado? ¿Cómo elimi-

---

[3] Citas textuales de C. C. S., *Juventud en éxtasis, cit.*

nar de golpe los profundos surcos de su mapa sexual? ¿Cómo hacer "cuenta nueva" en una vida tan lastimada?

Pensó acudir a un psicólogo, pero desistió. Ningún consejero comprendería el dolor que sentía. Era algo tan profundo, tan íntimo, tan suyo, que sólo Dios lo entendería.

¿Dios?

En su habitación buscó hablar con Él, pero le fue imposible. Era mucho el daño causado a tantas chicas, el cariño fingido a cambio de placeres genitales; había dado tantas veces la espalda al amor verdadero, había negado a Dios, se había burlado de la religión. ¿Cómo podía orar alguien como él? Se sentía vacío y miserable.

Pensó en salir de la habitación y hablarle a cualquier chica para pasar con ella esa noche, pero apenas comenzó a marcar el teléfono sintió asco y colgó. La idea del suicidio lo tentó. Fue al librero en busca de una navaja. Comenzó a arrojar objetos al suelo. La soledad lo asfixiaba. De pronto se detuvo. Frente a él se encontraba un voluminoso libro negro. Una Biblia vieja y polvosa. Nadie en su casa la había abierto en años. Durante mucho tiempo la usó para sustituir una de las patas de su cama en la que tenía relaciones sexuales con mujeres. Tomó el libro en sus manos y le dio un par de golpecitos. Una nube de polvo se levantó. Tosió. Abanicó con la mano el aire y se acercó lentamente a una silla. El ambiente le pareció lúgubre a través de las minúsculas partículas de polvo. Todo a su alrededor le recordaba lo indigno que era. Estaba hundido en el fango.

Abrió la Biblia por primera vez en su vida. Al azar.

Frente a él apareció un pasaje del Evangelio donde Pedro negaba al Señor. Una, dos veces, y el momento en que por tercera vez gritaba: "¡No lo conozco, no sé de quién me hablan, déjenme en paz!" Jesús pasaba por ahí y miró a Pedro. Entonces Pedro, al ver su mirada, salía corriendo y rompía a llorar abiertamente.

Cerró la Biblia y se preguntó: ¿cómo habrá sido la mirada de Jesús hacia Pedro? ¿Habría reproche en ella? ¿Habría amenaza, enojo, frustración? ¿Qué le habrá querido decir con los ojos? Tal vez "Te advertí que me negarías" o "¿Ya lo ves? Eres un traidor". ¿Por eso salió corriendo Pedro y lloró?

Tenía miedo de ver a Dios a la cara. Suponía que, al hacerlo, Dios le reclamaría exigiendo cuentas.

¿Qué más daba? Igual que Pedro, ¿qué más podía perder?

Al fin se atrevió y levantó la vista de su imaginación con humildad, con el alma quebrantada, con el espíritu sediento de perdón.

Un escalofrío recorrió su cuerpo al entender que Dios lo miraba... pero no con odio, no con coraje, no con reclamo. Los ojos del Señor estaban exentos de reproche o exigencia. Se limitaban a decirle, en silencio, lo que en silencio, seguramente, le habían dicho a Pedro:

"Te amo."

Se puso de pie. Quiso protestar.

"Pero, ¿cómo puedes amarme, si yo he hecho tanto daño, si he fingido amor, si he lastimado a muchas chicas...?"

"Calla", le contestó Dios, "ya no me acuerdo de eso."

Levantó la cara despacio. Se quedó mirando fijamente y ahí seguía el mismo mensaje...

TE AMO...

Entonces, igual que Pedro, salió corriendo y lloró amargamente.

Fue un morir y volver a nacer. Una dolorosa cirugía espiritual que lo convirtió en un hombre nuevo.

Su mapa psicosexual comenzó a limpiarse.

CUESTIONARIO PARA REGISTRO (punto 19)

01. Dibuja de memoria el esquema de la espera edificante.

02. Escribe el nombre de algunas personas con quienes compartas actualmente lo que posees en cada uno de tus cinco cofres.

03. ¿Qué es y cómo se incrementa el capital afectivo?

04. Según el punto 6, ¿por qué es tan valioso guardar la sexualidad para nuestra pareja definitiva?

05. ¿Por qué es aconsejable que los novios que han tenido relaciones sexuales se detengan y esperen a consumar el compromiso matrimonial?

06. Define virginidad genital y virginidad real.

07. ¿Por qué muchas chicas genitalmente vírgenes no son vírgenes en realidad? ¿Cómo puede una mujer que ha perdido la virginidad genital volver a ser realmente virgen?

08. ¿Por qué merece la pena, también para los hombres, guardar su sexualidad?

09. ¿Cómo se etiquetan las chicas fáciles y las difíciles?

10. ¿Qué son los celos retrospectivos?

11. ¿Por qué es un error pensar que el sexo es malo? ¿Quién diseñó el placer sexual y por qué?

12. ¿Cómo se puede limpiar el mapa psicosexual?

13. ¿Qué es una cirugía espiritual? ¿Por qué decimos que Dios es el único capaz de restituir los valores del quinto cofre?

14. ¿Qué intenta decir Dios a los jóvenes que han vivido soledad nociva?

15. Elige los cinco párrafos que consideres más importantes de esta sesión.

TAREA (punto 20)

01. En un cartoncillo, dibuja el diagrama general de la introducción, sustituyendo los recuadros por los pormenores más importantes diagramados en cada tema del curso. Tendrás así el diagrama general definitivo.

02. Con el apoyo del libro *Juventud en éxtasis*, realiza un trabajo de investigación sobre la unión libre, sus implicaciones y consecuencias.

❑

La directora tocó a la puerta del aula. La acompañaban dos investigadores. Saludé de mano a cada uno.

—¿Cómo van las cosas? —pregunté.

—Bien —contestó uno de ellos—. Hemos localizado la motocicleta. Nos dirigíamos a realizar una inspección en el edificio donde se encuentra, pero preferimos pasar antes por aquí. Necesitamos que nos acompañe alguien que pueda reconocer a la persona que buscamos.

—Sonia no está.

—Lo sabemos... En realidad venimos por usted.

—¿Por mí? Pero yo sólo vi al joven de lejos. Tal vez me resulte imposible identificarlo.

—Eso es mejor que nada. Además, se trata de que *él* no lo reconozca a usted. Vamos, es tiempo de que empiece a cooperar más con nosotros.

Sentí el último comentario como una incriminación.

Avisé a Dhamar que me iba. "Es una emergencia", le dije. Se quedó con los estudiantes y yo salí detrás de los inspectores.

Llegamos a un local donde se veían decenas de motocicletas iguales. Las miré sin decir palabra. Cuando salí de mi asombro pregunté:

—Esto es una broma, ¿verdad?

—No, señor Alvear. Las motos que usaron tanto el hombre que se llevó a las chicas al motel como el joven que sus estudiantes detuvieron eran rentadas.

—Caramba... ¡Será como buscar una aguja en un pajar!

—Hemos comenzado a investigar en los registros de la arrendadora, pero algo nos incomoda. Verá. El negocio lo atienden varios muchachos... Un grupo de amigos que usan las motocicletas sin registrarse como clientes.

—Y quieren que yo les eche un vistazo —supuse.

—Exacto. Es evidente que se conocen entre ellos y encubren sus pillerías. ¿Qué otra explicación hay de que el chico enclenque haya preferido huir, arriesgando su vida, antes de delatar el sitio donde obtuvo la motocicleta?

No necesitaba más explicaciones. Abrí la puerta del coche y crucé la calle con pasos largos. Había comprendido la estrategia. Para Sonia era imposible presentarse fingiendo interés por rentar un vehículo, pues, si el homicida se hallaba presente, la reconocería de inmediato, pero no para mí.

Abrí la puerta de cristal y sonó una campanilla. El lugar era amplio y sucio. Semejaba el taller mecánico de esos fanáticos que convierten las peores chatarras en autos deportivos.

Dos jóvenes altos, con las manos llenas de grasa, se acercaron.

—¿Desea algo?

—Quiero rentar una motocicleta.

Uno de ellos me dio el precio y recitó desganado las condiciones. El otro caminó hasta situarse a mi espalda.

—To... ¿todas las motos son iguales?

Un chispazo de inteligencia se encendió en la mirada del que me daba informes.

—Sí, todas son iguales.

Entendí que me habían descubierto; caminé directo hacia la pared para mirar de cerca una fotografía: se trataba de varios muchachos subidos a horcajadas en las motos del local haciendo señas obscenas con los dedos.

—¿Qué busca?

Pensé en descolgar el cuadro y llevármelo para que Sonia pudiera analizarlo; les diría a los mecánicos que era parte de la investigación de la que ellos ya estaban enterados; si llegaban a agredirme, serían detenidos por los agentes que esperaban fuera.

Comencé a mover la mano para tomar el retrato pero me faltó valor. Le eché un último vistazo. En realidad, cualquiera de ellos podía ser el joven que buscábamos.

—Voy a pensarlo —dije refiriéndome a la renta del vehículo, y salí con poco garbo.

Había comprobado una cosa: jamás hubiera podido ser policía.

Esa tarde dieron de alta a Sonia. Entre la comitiva de recibimiento destacaba Lucio, quien parecía haber recuperado el aplomo. Me entristeció, sin embargo, su respuesta cuando le pregunté qué había pasado con su "amigo":

—Ya está mucho mejor. Mi mamá le ha permitido vivir temporalmente en casa. Así podremos ayudarlo y vigilarlo para que no vuelva a cometer una tontería.

—¿Tu mamá le ha permitido...? ¿Tú lo has...? Lucio, ¿cómo vas a rehabilitarte si vives con él?

—Mire... —cambió el tema de la charla—. Ahí está Sonia.

En efecto, su condiscípula cruzó la puerta de salida acompañada de una enfermera. Venía vestida y arreglada como si se tratara de un festejo. Caminaba despacio, pero con gesto radiante. La sonrisa inundó su cara cuando descubrió que Dhamar, Citlalli y yo nos encontrábamos en primera fila para recibirla. El abrazo más fuerte fue para mi esposa. Los padres de la chica se hallaban también ahí. Vigilaban al grupo tres policías. Para sorpresa de todos, Sonia se dirigió a su papá y le pidió permiso para pasar un rato con nosotros.

—¿Me dejarías ir a casa de Citlalli? Quiero platicar con los señores Alvear.

El hombre se turbó un poco ante la inesperada petición de su hija.

—Ya tendrás tiempo de hablar con ellos. No puedes andar por la calle sola. Todavía corres peligro.

—No voy a estar sola. Por favor, es importante para mí...

—Bueno —condescendió—, pero no sé si ellos quieran recibirte.

—Claro —dije—. Podemos tomar un té y charlar. No tardaremos demasiado.

La joven subió a nuestro auto. Una escolta de hombres armados nos siguió hasta la casa y nos esperó fuera.

Sonia comenzó apenas nos sentamos en el comedor:

—Ustedes me ayudaron a levantar la demanda, me han dado terapia... consejos y, sobre todo, me obligaron a enfrentar el problema con mis padres. Los dañé, pero ahora nos hemos acercado... Estos días, en el hospital, he reflexionado mucho: son los únicos amigos *verdaderos* que tengo. Pronto me iré y quería darles las gracias...

Me incliné para servir el té.

—¿Adónde te irás? —pregunté.

—Los compañeros del salón se han distanciado de mí. Con este problema, mi vida íntima se ha hecho pública, todos me tratan como prostituta, las mujeres me dan la espalda y los hombres me miran con morbo. En cuanto termine el semestre me cambiaré de escuela.

—No necesitas un cambio de escuela, sino... —me detuve, pero tarde; el mensaje se entendió. Citlalli y Dhamar se volvieron para acribillarme con los ojos. Durante varios segundos permanecimos callados. Tomamos el té sin saber cómo continuar la charla. Sonia se encargó de hacerlo:

—En el hospital pensé mucho sobre el sujeto que me agredió y... até algunos cabos... Creo que el asunto de Magdalena no fue obra de un psicópata espontáneo sino de alguien que planeó vengarse de ella y de mí...

Me quedé estático. ¿Quién era realmente esa chica? ¿Qué había detrás de sus múltiples aventuras amorosas? ¿Cuántos amantes enojados tendrían motivos para resarcir alguna cuenta pendiente con ella y con Magdalena?

—Es lógico que intentes huir de toda esta suciedad —me aventuré—, pero en vez de eso debías tratar de realizar una limpieza interior... Tú sabes...

La joven me miró fijamente.

—Para limpiar mi quinto cofre debo sacar de ahí el cadáver de Magdalena.

—¿Cómo?

—Tengo que rectificar algunas cosas, pero le anticipo que usted es el único que puede ayudarme.

Algo me dijo que detrás de tanta grandilocuencia amistosa se escondía algún rezago de interés. Suspiré. Estaba dispuesto a echarle la mano. Cuanto más rápido terminara la pesadilla, mejor.

TEMA 11
Matrimonio

1. DIAGRAMA DEL TEMA

01. El matrimonio proviene del noviazgo y de las caricias afectivas.

02. Un buen matrimonio dignifica a la pareja.

03. Un matrimonio mal llevado puede arrojar a las personas a la más terrible confusión y a la decepción más profunda.

2. DEFINICIÓN

01. El matrimonio es la unión del hombre y la mujer concertada mediante un compromiso legal y religioso por el cual el se ligan perpetuamente en promesa de ayuda mutua, amor, respeto y fidelidad.

3. DOS NOTICIAS

01. El único lugar digno para el crecimiento de los niños es una familia afectuosa. El anhelo más grande del ser humano es un hogar feliz.

02. Vivir en una familia con maltrato, frialdad, vicios o desorganización daña la personalidad, inhibe a los individuos, impide crecer, provoca complejos. Lo más amargo y triste que puede sucederle a alguien es vivir en un hogar infeliz.

03. Dos noticias: una buena y una mala. La buena: el matrimonio es para toda la vida. La mala: el matrimonio es para toda la vida.

4. LAS CUATRO RUEDAS DEL MATRIMONIO

01. Casarse se asemeja a emprender un viaje alrededor del mundo. Para evaluar las posibilidades de éxito, es preciso cuestionarse cuatro preguntas:

PRIMERA: ¿NOS ATRAEMOS FÍSICAMENTE? ¿Experimentamos magnetismo, enamoramiento, pasión, agrado corporal? Si con el tiempo alguno de los cónyuges abandona su cuidado físico para agradar al otro, si se vuelve sucio, tosco o grosero, la rueda pasional se avería y el vehículo se estanca.

SEGUNDA: ¿ME CONVIENE COMO PAREJA? En la expedición, ¿será una carga o una ayuda? ¿La persona es física y mentalmente sana, trabajadora, ingeniosa, decidida, agradable a los ojos de los demás, posee recursos económicos es responsable e independiente de sus padres? Esta segunda rueda puede averiarse y estancar el vehículo si uno de los cónyuges se niega a trabajar o a cumplir sus responsabilidades, si adquiere un vicio, comete fraudes, es encarcelado o se vuelve destructivo. Los conflictos por falta de dinero se originan en esta rueda.

TERCERA: ¿NOS COMUNICAMOS BIEN? ¿Es interesante conversar con mi compañero de viaje? ¿Nos complementamos intelectualmente, nos comunicamos con fluidez, somos espiritualmente afines, compartimos los mismos anhelos? ¿Nuestra convivencia es constructiva pues aprendemos uno del otro? Si en el matrimonio se pierde el gusto por charlar y compartir sentimientos, si el cónyuge ve la televisión en exceso, si se niega escuchar, se vuelve egoísta o abandona su preparación intelectual o espiritual, la tercera rueda se daña y estanca el vehículo.

CUARTA: ¿ESTOY DECIDIDO A AMAR A ESA PERSONA? ¿He involucrado al máximo mi voluntad? ¿Poseo una conciencia de renuncia al pasado, acepto que nada volverá a ser igual, que todo lo propio será de mi compañero, que mi tiempo, dinero y bienes los compartiré con él de por vida? ¿He tomado esa decisión libremente, sabiendo que implica sacrificios, amor incondicional y entrega total sin reservas? Si en el matrimonio sobreviene la apatía, la soberbia o la nostalgia de la soltería, sobrevendrán los malos tratos, los desprecios e incluso la infidelidad. El verdadero amor es producto de la voluntad y no del romanticismo.

02. Como puede verse, antes de emprender un viaje de tales magnitudes, y periódicamente, una vez iniciado el viaje, es imprescindible revisar con gran cuidado las cuatro ruedas del vehículo.

5. SEXO EN FUNCIÓN DE LOS CUATRO ELEMENTOS

01. Si en una pareja *sólo* existe atracción física, sus relaciones sexuales serán instintivas y superficiales. Si *sólo* hay conveniencia, el sexo se parecerá mucho a la prostitución, al intercambio de mercancía. Si *sólo* hay comunicación espiritual, el sexo se convertirá en un sucio "trámite carnal". Si *sólo* existe voluntad, el acto sexual será un sacrificio, parte de las obligaciones e imposiciones maritales.

02. Una relación SANA debe ser, a la vez, pasional, de conveniencia, de complemento y de voluntad.

03. Tener relaciones sexuales, cuando existen los cuatro elementos, *al mismo tiempo*, es el acto más sublime y hermoso que pueden vivir dos personas. Si alguno de estos aspectos falla, la vida sexual también se deteriorará.

6. PROBLEMAS SEXUALES EN EL MATRIMONIO

01. Existe la idea errónea de que la mayoría de las uniones conyugales fracasa por mal acoplamiento sexual, pero ésta es una gran mentira. El sexo, *solo,* no puede ser causa de divorcio, ya que la vida sexual plena depende de cuatro factores.

02. Si existen los cuatro elementos: pasión, conveniencia, comunicación y voluntad, ninguno se atreverá a lastimar o exigir al que está fallando sexualmente. Tomados de la mano en un ambiente de complicidad, lucharán juntos y, a menos que tengan una rara disfunción física, resolverán sus problemas sexuales siempre.

03. El sexo en el matrimonio implica una convivencia de compromiso que *funde las personalidades* de los cónyuges; por tanto, crece y mejora con el tiempo.

7. UNIÓN Y AMOR LIBRE

01. A la unión libre le falta el cuarto elemento: *Decisión.*

02. La unión libre es una señal de duda. Es convivir como cónyuges, pero sin compromiso matrimonial, disfrutarse en total intimidad *sin promesa de fidelidad*, saber que el quinto cofre no es realmente de ambos, no se fundirá en uno, que la relación es "a prueba" y puede acabar en cualquier momento, sin muchas complicaciones.

03. El término "*amor libre*" es contradictorio en sí mismo: el que ama se compromete con su pareja.

04. Cuando se procura emprender un "amor libre", la pareja se vuelve esclava de la incertidumbre, la manipulación y el egoísmo.

05. El verdadero amor no está libre de compromiso, pero es en realidad el más libre, porque los seres humanos comprometidos pueden amarse sin límites de entrega ni de tiempo.

8. SER FELIZ A TODA COSTA

01. Muchas personas piensan que la misión del ser humano es *ser feliz.* Pero la felicidad por sí misma no puede ser el objetivo de la vida.

02. Quien cree que nació *sólo* para ser feliz es el más propenso a las juergas, los desmanes sexuales, las orgías, las comilonas, el culto al dinero, el alcohol, la droga y la *unión libre...*

03. La misión del ser humano no es *sólo* ser feliz sino *ser maduro,* y en la madurez hallar la felicidad verdadera.

04. La madurez se logra mediante la responsabilidad de nuestras decisiones y asumiendo decisiones responsables. Todos estamos llamados a la madurez. Quien deja de madurar deja de crecer, y quien deja de crecer comienza a envejecer.

9. SIMILITUD ENTRE CARRERA PROFESIONAL Y MATRIMONIO

01. Con quién casarse y qué carrera profesional estudiar son las dos decisiones más delicadas de un joven. Muchos, por temor, prefieren no elegir y postergan indefinidamente este paso.

02. Hay quienes escogen una carrera "fácil" para no sufrir ejerciéndola; otros eligen la que creen más "lucrativa" para ganar mucho dinero con poco esfuerzo. Ni unos ni otros entienden que ni los diplomas ni el dinero dan la felicidad. Lo valioso de una profesión no es el "título" sino la madurez, la velocidad de pensamiento, la capacidad de análisis, la agudeza mental, los hábitos de lectura, la disciplina de trabajo, la amplitud de ideas y el buen juicio que se obtienen con ella.

03. No importa si el diploma enmarcado dice "Médico cirujano" o "Ingeniero industrial", sino el porcentaje del título que es fraude y el que se respalda honestamente con capacidad mental adquirida.

04. Indudablemente, quienes estudian *bien* una carrera profesional, cualquiera que ésta sea, maduran más y logran un mayor criterio que quienes deciden no estudiar. Lo mismo sucede con el matrimonio. Quienes se casan y asumen *bien* el compromiso definitivamente crecen y maduran más que quienes no lo hacen.

05. Con frecuencia la gente se queja de haberse equivocado al elegir carrera o pareja, pero no existen carreras ni parejas perfectas. Siempre será preferible elegir y seguir adelante, creciendo y madurando, que permanecer soltero o sin estudios *por cobardía*.

10. ¿VALE LA PENA CASARSE?

01. En la vida, cada quien escala su propia montaña. Algunas personas prefieren hacerlo solas para sentir la satisfacción individual de conquistar cada risco sin ayuda y sin compartir el éxito con nadie.

02. A menos que viva una experiencia espiritual muy intensa, el soltero normalmente se torna cada vez más egoísta e intolerante, le exasperan los niños y se irrita con gran facilidad ante los errores ajenos.

03. Uno de los valores más grandes de casarse es descubrir al ser humano *adulto* que existe dentro de nosotros.

04. El matrimonio es una aventura extraordinaria hacia el crecimiento y la madurez. Implica dejar de viajar solo y emprender la expedición acompañado, escalar la montaña de la vida ayudando a alguien y siendo ayudado por alguien.

05. Casarse brinda a la persona la oportunidad de aprender a amar verdaderamente, a entregarse por completo, a heredar a unos hijos lo mejor de sí, a ser feliz haciendo feliz a la propia familia, a trascender hallando un sentido de misión vital.

06. En la época actual se necesita mucho valor para casarse, pero definitivamente es una oportunidad que nadie debe negarse.

07. *El matrimonio vale la pena.*

11. EL COMPROMISO DEL AMOR PROFUNDO (Lectura[1])

Un famoso maestro se encontró frente a un grupo de jóvenes que estaban en contra del matrimonio. Los muchachos argumentaban que el romanticismo constituye el verdadero sustento de las parejas y que es preferible acabar con la relación cuando éste se apaga en vez de entrar a la hueca monotonía del matrimonio.

El maestro les dijo que respetaba su opinión, pero les relató lo siguiente:

—Mis padres vivieron cincuenta y cinco años casados. Una mañana mi mamá bajaba las escaleras para prepararle a papá el desayuno y sufrió un infarto. Cayó. Mi padre la alcanzó, la levantó como pudo y casi a rastras la subió a la camioneta. A toda velocidad, rebasando, sin respetar los altos, condujo hasta el hospital. Cuando llegó, por desgracia, ya había fallecido. Durante el sepelio mi padre no habló, su mirada estaba perdida. Casi no lloró. Esa noche sus hijos nos reunimos con él. En un ambiente de dolor y nostalgia recordamos hermosas anécdotas. Él pidió a mi hermano teólogo que le dijera dónde estaría mamá en ese momento. Mi hermano comenzó a hablar de la vida después de la muerte, conjeturó cómo y dónde se encontraría ella. Mi padre escuchaba con gran atención. De pronto pidió: "Llévenme al cementerio". "Papá", respondimos, "¡son las once de la noche! No podemos ir al cementerio ahora." Alzó la voz y con una mirada vidriosa dijo: "No discutan conmigo, por favor, no discutan con el hombre que acaba de perder a la que fue su esposa por cincuenta y cinco años". Se produjo un momento de respetuoso

---

[1] Adaptada de Anthony Campolo, *Es viernes pero el domingo viene*, Vida.

silencio. No discutimos más. Fuimos al cementerio, pedimos permiso al velador, con una linterna llegamos a la lápida. Mi padre la acarició, oró y nos dijo a sus hijos, que veíamos la escena conmovidos: "Fueron cincuenta y cinco buenos años... ¿Saben?, nadie puede hablar del amor verdadero si no tiene idea de lo que es compartir la vida con una mujer así". Hizo una pausa y se limpió la cara. "Ella y yo estuvimos juntos en aquella crisis. Cuando cambié de empleo", continuó. "Hicimos el equipaje cuando vendimos la casa y nos mudamos de ciudad. Compartimos la alegría de ver a nuestros hijos terminar sus carreras, lloramos uno al lado del otro la partida de seres queridos, rezamos juntos en la sala de espera de algunos hospitales, nos apoyamos en el dolor, nos abrazamos en cada Navidad y perdonamos nuestros errores... Hijos, ahora se ha ido y estoy contento, ¿saben por qué? Porque se fue antes que yo; no tuvo que vivir la agonía y el dolor de enterrarme, de quedarse sola después de mi partida. Seré yo quien pase por eso y le doy gracias a Dios. La amo tanto que no me hubiera gustado que sufriera..." Cuando mi padre terminó de hablar, mis hermanos y yo teníamos el rostro empapado por las lágrimas. Lo abrazamos y él nos consoló: "Todo está bien, hijos, podemos irnos a casa; ha sido un buen día..." Esa noche entendí lo que es el verdadero amor. Dista mucho del romanticismo, no tiene que ver demasiado con el erotismo, más bien se vincula al trabajo y el cuidado que se profesan dos personas realmente comprometidas.

Cuando el maestro terminó de hablar, los jóvenes universitarios no pudieron rebatirle. Ese tipo de amor era algo que no conocían...

12. LOS HIJOS

01. Sólo cuando la pareja tiene hijos funde totalmente sus capitales afectivos en uno solo y se da la oportunidad de compartir ese capital común con otros seres vivos.

02. Todo lo que Dios da a las personas es realmente prestado. Se les da para que lo multipliquen y lo repartan. El que se queda con lo prestado para atesorarlo se convierte en un ladrón. Su egoísmo lo pierde, su comodidad lo arruina.

03. Los casados que, pudiendo tener hijos, optan por no hacerlo en aras de continuar una vida ligera y libre de ataduras son, en realidad, holgazanes, irresponsables y ladrones.

04. Por supuesto que, hoy en día, es difícil educar a un hijo, pero enfrentar ese reto ennoblece, engrandece y ofrece a la pareja la oportunidad de trascender.

05. Se asciende verticalmente logrando metas propias. Se trasciende diagonalmente atravesándose en la vida de otras personas para ayudarlas a subir.

06. La mejor y más noble forma de trascender es darle a un hijo los valores, principios, hábitos, quereres y conceptos propios, en un hogar estable, de amor conyugal responsable.

07. El matrimonio con hijos es maldición para quien busca el placer egoísta, pero puede convertirse en bendición para quien está dispuesto a asumir el verdadero compromiso.

14. EL RETO MÁS DIFÍCIL DE LA VIDA (Lectura[2])

Yo no quiero la unión libre. Quiero casarme contigo. Amor, si lo hacemos, el periodo de adaptación será largo, difícil, doloroso. Pasarán años y no terminaremos de aprender a convivir como pareja. Será complejo, pero valdrá la pena, porque cuando todo parezca ponerse en contra tuya, cuando caigas y te sientas derrotado, sabrás que habrá alguien que te espera con los brazos abiertos, que te ama, que se siente mal por tu tristeza, que estará a tu lado siempre, no importando los giros de tu fortuna. Y si es tarde y no has llegado a casa, tu esposa estará despierta, mirando el teléfono y asomándose por la ventana cada vez que oiga un auto. Y a mí, cuando los niños me falten al respeto, cuando el trabajo de la casa me agobie, cuando mis planes se deshagan y todo parezca venirse abajo, mi esposo me apoyará, me tomará de la mano y me dará fuerzas, como un amigo sincero en cuyo pecho podré llorar abiertamente, sin vergüenza ni temor. Así como compartiremos el dolor también estaremos juntos para vivir las alegrías de nuestros logros, la felicidad de las fechas importantes, la belleza de ver crecer a nuestros hijos. Y cuando apaguemos la luz

---

[2] C. C. S., *Juventud en éxtasis*, cit.

después de un día intenso tendremos a quien abrazar por debajo de las sábanas para quedarnos dormidos al calor de su cuerpo.

CUESTIONARIO PARA REGISTRO (punto 21)

01. ¿Por qué se considera que la familia es lo más hermoso y lo más terrible que puede tener alguien?
02. Explica las cuatro ruedas del matrimonio.
03. ¿Cómo es la relación sexual cuando cada elemento se da a solas?
04. ¿Por qué es contradictorio el término "amor libre"?
05. ¿Cuáles crees que sean las razones por las que muchos jóvenes temen al matrimonio?
06. ¿Cuál es la diferencia entre ser feliz y ser maduro?
07. ¿Por qué es un error tratar solamente de ser feliz?
08. ¿En qué se parece el matrimonio a la carrera profesional?
09. ¿Qué es lo más valioso que puede obtenerse tanto del matrimonio como de la profesión?
10. ¿Por qué se dice que con frecuencia los jóvenes, por cobardía, no se casan?
11. ¿Qué pasa con el carácter de quienes permanecen solteros?
12. ¿Cuál es la diferencia entre ascender y trascender?
13. Sinceramente, ¿crees que merezca la pena casarse? ¿Por qué?
14. ¿Qué papel desempeñan los hijos en un matrimonio realmente comprometido?
15. Selecciona los cinco párrafos que más te hayan gustado de esta sesión y anótalos en tu cuaderno de frases preferidas.

TAREA (punto 22)

01. De entre los cincuenta y cinco párrafos que has seleccionado a lo largo del curso, marca los mejores cinco y escríbelos en una hoja. Prepara un pequeño discurso para leer al frente del grupo donde expliques por qué los elegiste y qué significado tienen para ti. Incluye en ese texto tu testimonio de cambio durante el curso, si es que lo hubo.
02. *Carta especial:* Escribe una carta a la persona que será tu pareja definitiva que incluya lo que piensas y sientes sobre la sexualidad. Háblale de los anhelos e ideales que te gustaría convertir en realidad algún día con ella. (Ésta es la tarea más importante del curso; no se entregará pero es necesario traerla a la última sesión. En caso de que sólo se lea el material, es de gran importancia interrumpir la lectura para realizar este ejercicio. Sin esta carta especial, la intención del curso quedará inconclusa.)

Al terminar la exposición del tema, la directora tocó a la puerta y pidió hablar con su hijo. Lucio salió del aula.

Los jóvenes empezaron a contestar el cuestionario de registro. Dhamar enfatizó la importancia de realizar la última tarea del curso.

Miré a Citlalli. Estaba absorta, trabajando en su material. Dhamar, al fondo del aula, ayudaba a un chico a disipar sus dudas. Me sentí afortunado de contar con esa familia. En mi juventud, yo no era muy partidario del matrimonio. Dhamar me enseñó a ver las cosas de forma diferente. Me encontraba infinitamente agradecido con ella. Durante los primeros años de nuestro enlace tuve que viajar mucho, el trabajo era extenuante y mal remunerado, pero en la soledad de los cuartos de hotel todo recuperaba su sentido cuando cerraba los ojos y recordaba a mi familia. Los rostros de mi esposa y de mi hija me animaban y me daban razones para seguir luchando y volver... Mi empresa, el curso, el libro de *Juventud* y todo cuanto de positivo había en mi vida no era más que el reflejo de la motivación que ellas me ofrecían.

Indudablemente, los artículos redactados por Asaf Marín eran ciertos: el matrimonio valía la pena.

Al cabo de un rato los chicos comenzaron a entregar su hoja de registro.

Sonia terminó el cuestionario y al pasar junto a mí se detuvo.

—Ya corroboré lo que necesitaba...

Asentí.

—¿En qué puedo ayudarte?

—Lucio...

—¿Cómo?

—Investíguelo.

Por unos segundos no supe qué decir.

—¿Lucio...? ¿Para qué?

Espió por encima de sus hombros para cerciorarse de que nadie nos oía.

—Es el culpable de todo.

—El culpable, *¿de qué?*

—De que me acuchillaran.

Permanecí inmovilizado.

Ana pasó junto a nosotros y se despidió. Le devolví el gesto mecánicamente. Detrás de ella salieron los dos jóvenes atléticos que trataron de que se cancelara el curso y que al final habían optado por sentarse en la última fila a escuchar cada tema. Se despidieron también de mí. Me extrañó. Siempre me evadían.

—Pe... —comencé a tartamudear, cuando ya no había nadie cerca—, pero... ¡Lucio te estima!, me consta. Sonia, estaba muy preocupado por tu salud. Cuando te agredieron nos encontrábamos charlando en la cafetería. ¡No pudo acuchillarte!

—No dije que él lo hiciera, pero envió a alguien...

—¿Y a quién pudo enviar?

—¿Olvida que hay tres o cuatro sujetos involucrados? De aquel hotel no sacaron a Magdalena en una motocicleta, sino en un auto.

—¿Y dices que Lucio es uno de ellos? ¡Por favor! Tu compañero se halla tan confundido, tan necesitado de afecto. No lo conoces bien.

—Es usted el que no lo conoce. ¿Adónde cree que salió en este momento?

—Su madre lo llamó.

—¡Claro! ¡También está implicada!

—Dios mío, Sonia, ¿qué estás diciendo? ¡Es la directora!

Sonrió con tristeza.

—Usted tiene que ayudarme.

—Quisiera, pero...

Salió del aula, esperando que la siguiera. No lo hice. Empecé a sudar sin comprender del todo. Recordé sus palabras:

Para limpiar mi quinto cofre debo sacar de ahí el cadáver de Magdalena... Lucio... Investíguelo... Es el culpable de todo...

Mis neuronas estaban en cortocircuito.

Hice un esfuerzo y caminé hasta el lugar de Lucio.

Me senté en su silla y comencé a hojear su cuaderno de apuntes.

La letra era cuidadosa. Como toda persona de carácter melancólico, demostraba en sus cosas un deje de creación artística.

Miré alrededor para comprobar que nadie me veía hurgar en los útiles de un estudiante. El aula estaba quedándose vacía. Sonia había desaparecido. Dhamar había salido y charlaba fuera con unos jóvenes. La puerta se hallaba abierta. Me agaché para levantar el portafolios. Revisé sus cuadernos sin saber qué buscaba.

En la solapa de su carpeta de argollas encontré muchas fotografías pegadas. Días de campo, la directora en su oficina, un hombre vestido de militar (tal vez su padre), muchachos y...

De pronto, algo me congeló la sangre en las arterias.

Una fotografía que yo conocía...

La copia en reducción del retrato colgado en la pared principal del negocio de motocicletas, el que estuve tentado a llevarme, aun a costa de arriesgar mi vida, sabiendo que entre todos los chicos fotografiados podía hallarse el asesino de Magdalena.

Me concentré con gran nerviosismo en los rostros del retrato. Era un grupo de adolescentes que reían y hacían señas obscenas al fotógrafo. Todos estaban montados en unas motocicletas de la arrendadora... Observé con el mayor cuidado a cada chico y reconocí para mi asombro a Lucio enseñando sus dientes como mandril en celo, en el extremo izquierdo del recuadro...

—¿Qué significa esto? —murmuré.

Vi los zapatos de alguien parado frente a mí.

Levanté la cara. Lucio había entrado al aula y me miraba con seriedad.

—¿Busca algo?

—Na... na... nada —tartamudeé.

Si era el asesino y sospechaba que lo había descubierto sería capaz de cualquier cosa con tal de hacerme callar. Pero, ¿era posible? ¿Además de un problema de identidad sexual, el joven tenía un desorden de doble personalidad? ¡No podía ser! ¡Algo no encajaba!

—Siéntate —lo invité señalando la silla de al lado a sabiendas de que me metía en una peligrosa coyuntura. El joven obedeció muy despacio sin quitarme la vista de encima—. Quiero que me expliques qué haces tú en esta fotografía, montado en una motocicleta idéntica a la que traía el muchacho que asesinó a tu compañera.

—Todas las motos son iguales ahí —aclaró.

—Lo sé. Pertenecen a una arrendadora. Pero, ¿por qué nunca dijiste que sabías dónde podían encontrarse? ¿Por qué cuando los estudiantes atraparon al chico enclenque no dijiste que tú conocías el sitio del cual provenía su vehículo?

—Bueno... *Mi amigo* trabaja en ese lugar... Y yo no quería que lo fueran a culpar...

—¿Tu amigo? ¿El celoso empedernido? ¿El que te mangonea emocionalmente? ¿El que trató de suicidarse para hacerte sentir responsable? ¿El que ahora vive contigo amparado por tu madre consentidora...? ¿No querías que lo culparan?

—Mida sus palabras o se va a arrepentir.

Detecté un destello de maldad en sus ojos.

En alguna ocasión traté de saber qué era el sexo con mujeres, pero las chicas me decepcionaron. Las únicas caricias gratificantes las he vivido con hombres... Sobre todo con mi amigo...

—A ver —intenté calmar los ánimos—, una vez me dijiste que hace tiempo tuviste sexo con mujeres. ¿A qué chicas te referías? ¿Con quién o con quiénes te acostaste?

Lucio perdió la rigidez de su rostro y palideció.

—Sólo tuve sexo con mujeres una vez... —confeso—. Fue con dos *al mismo tiempo*: Sonia y Magdalena.

Decir que una cubeta de agua helada cayó sobre mí sería decir poco. En realidad sentí que el cielo entero me caía encima.

En el hospital pensé mucho sobre el sujeto que me agredió y... até ciertos cabos... Creo que el asunto de Magdalena no fue obra de un psicópata espontáneo sino de alguien que planeó vengarse de ella y de mí...

—¿Por qué mandaste lastimar a Sonia? —pregunté sin más rodeos.

—Tenía que alejarla de aquí. Su vida peligra. Claro, no quería que le clavaran un cuchillo en la pierna. Todos los de esa banda están locos. Yo aprecio mucho a Sonia. Debe irse o morirá también...

—¿Qué tienes en su contra?

—Nada —comenzó a llorar—. *Yo* nada...

Me puse de pie y salí del aula.

Caminé directo a las oficinas.

Sonia estaba parada en el pasillo con gesto dubitativo.

—Acompáñame —le dije.

Llegamos a la recepción.

—No pueden pasar —nos detuvo la secretaria—. La doctora Escandón está ocupada. Los inspectores de la policía se encuentran...

No hice caso. Pasé de largo y abrí la puerta de un empujón. Sonia me siguió.

En efecto, los dos policías encargados de la investigación se encontraban sentados frente a la directora de la facultad. Sobre el escritorio estaba la fotografía de los muchachos en motocicleta haciendo señas obscenas.

—Sabemos quién asesinó a Magdalena —dije por todo saludo.

Los policías me miraron incrédulos.

—¿Qué?

—Hemos identificado al sujeto —reiteré—. Sabemos quién es y dónde está.

—A ver —me habló uno de los agentes articulando muy despacio—. Pueden reconocerlo en esta fotografía?

Sonia se adelantó. De inmediato señaló al joven más alto y fornido en el centro del retrato. Era un típico fisicoculturista; usaba una camisa ajustada, pantalones ceñidos, y ostentaba su corpulencia

Lucio me había dicho:

Es un hombre normal muy apuesto, las mujeres se derriten por él, pero vive una doble vida. En el fondo odia a las chicas... No es amanerado, pero sí sumamente voluble.

—Es él —corroboré—, pero... lo más importante —me detuve y observé a la directora que parecía aterrada; sentí pena por ella. Sin embargo, la pesadilla debía terminar ya—, lo más importante es que la doctora Norma Escandón lo esconde en su casa.

Los policías tardaron en reaccionar. Pensaron que era una broma. No fue sino hasta que la misma Norma se puso de pie para intentar escapar cuando se movieron con rapidez y la detuvieron.

—¿Adónde va? ¿Por qué tanta prisa?

—Déjenme en paz.

—¿Por qué huye?

—Tienen que apurarse —intervino Sonia—. Lucio es amante de este tipo. Casi estoy segura de que ya lo previno por teléfono. Deben ir a la casa de la doctora. Tal vez todavía lo encuentren.

Los policías no comprendían nuestras afirmaciones, pero el nerviosismo de Norma Escandón los hacía dudar.

—Llévenos a su casa.

Salieron.

Me tapé la cara con las manos.

¿Así que el famoso amigo homosexual era tan extremadamente celoso que había buscado vengarse de las únicas dos amantes mujeres que Lucio había tenido...? ¿Así que el sujeto era tan posesivo y perverso que, además de mangonear al hijo de la directora, le había demostrado, con hechos, de lo que era capaz si se alejaba de él...? Me pregunté si la mamá de Lucio sabría que su huésped, además de desviado, era asesino. Me pregunté si realmente Lucio mandó agredir a su compañera con la esperanza de alejarla de un peligro mayor. Moví la cabeza negativamente sin poder esclarecer tantas preguntas. Abracé a Sonia por la espalda y salí con ella de la oficina.

TEMA 12
Dignidad sexual

1. DIAGRAMA DEL TEMA

01. La dignidad del hombre y la mujer constituye el fin último de la sexualidad. El noviazgo constructivo y las caricias bien llevadas proporcionan una dignidad temporal. La dignidad definitiva se alcanza siempre a través de una espera edificante o de un matrimonio sano.

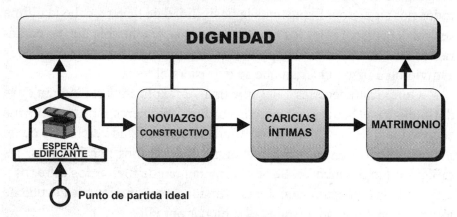

2. DEFINICIÓN

01. La dignidad sexual es un nivel de madurez que permite a la persona comportarse con decoro y valoración total de su ser.

02. No es preciso estar casado ni tener pareja para alcanzar la dignidad; no obstante, cuando se logra, siempre se experimenta:

- Respeto a sí mismo.
- Equilibrio de cuerpo y alma.
- Capacidad para ofrecer testimonio público de las convicciones.
- Un quinto cofre cerrado y custodiado.

❏

Interrumpí la explicación.

Fuera del aula se escuchaban más ruidos de los habituales. La facultad se encontraba de cabeza, las clases estaban informalmente suspendidas. Se había corrido la voz de que la directora y su hijo habían sido detenidos acusados de complicidad en el asesinato de Magdalena. Algunos profesores se organizaban para ir a la delegación de policía a apoyar a la doctora. Otros, confundidos por las noticias, preferían abstenerse de adoptar partido. Algo era claro: los estudiantes no querían clases. Consideraban los acontecimientos lo suficientemente delicados como para declararse en huelga intelectual.

Cuando Dhamar y yo llegamos esa mañana, hallamos en medio del revuelo a la mayoría de los jóvenes de nuestro curso. Nos rodearon, nos preguntaron si sabíamos algo. Respondimos que no. Fuimos al aula y todos nos siguieron. Expusimos la posibilidad de llevar a cabo la última sesión del curso. Dados los recientes sucesos, era factible que no contáramos con otra oportunidad para ello. Lo sometimos a votación. Todos estuvieron a favor. Querían que se expusiera el tema.

—Quiero agradecerles —les dije una vez explicados el diagrama y la definición— el haber mantenido la cordura y el interés, a pesar de lo que sucede fuera. Han sido tiempos difíciles. Hemos estado en medio de un huracán. Todos, en mayor o menor medida, fuimos heridos. Pero las ráfagas están pasando ya. Se aproxima la hora de revisar los estragos y comenzar la reconstrucción. La universidad necesitará mucha ayuda de jóvenes con dignidad, dispuestos a luchar por ella.

El ambiente en el aula era de unión y complicidad. El curso había logrado mucho más que instruir sobre conducta sexual: había despertado en los chicos sus más nobles propósitos.

Dhamar aprovechó el silencio para exponer los siguientes puntos.

❑

3. RESPETO A SÍ MISMO

01. Al respetarse a sí mismo, el ser humano respeta también a su pareja, si la tiene, y sabe darle su lugar.

02. Ser cuidadoso y llevar las relaciones sexuales en tiempos de calidad es muestra de respeto. Un hombre procura esperar a la mujer. Una mujer intenta seducir al hombre.

03. Algunos varones en su misma luna de miel cometen el terrible error de apresurarse al grado de forzar y lastimar a su esposa. Algunas mujeres recuerdan la primera noche como una experiencia triste y dolorosa porque su esposo llegó a ella sin el respeto necesario para ser paciente y cariñoso.

04. El respeto propio, a la pareja y a la sexualidad es el primer indicio de la dignidad.

4. EQUILIBRIO DE CUERPO Y ALMA

01. Ser equilibrado es ser feliz, pero sin olvidar ser responsable; disfrutar las sensaciones del cuerpo, sin separarlas de la fuerza del alma; admirar la belleza física, sin olvidar la belleza interior.

02. Ser equilibrado es ser profundo. Ver más allá de lo aparente y no dejarse llevar por los impulsos.

03. La pareja equilibrada disfruta sus diferencias sexuales, pero nunca pierde el contacto espiritual.

5. CAPACIDAD PARA OFRECER TESTIMONIO PÚBLICO

01. Analizando el esquema del curso, el origen de la verdadera DIGNIDAD es la ESPERA EDIFICANTE. En ella se produce un cambio interior profundo. Sólo después de ese cambio pueden propagarse los valores propios.

02. Cuando se ha logrado la verdadera dignidad, no se tienen reparos en declarar abiertamente las convicciones. El individuo las expone y las lleva a la práctica.

03. Poseer dignidad es ofrecer testimonio de cambio.

❏

Hice una pausa.

—Poseer dignidad —parafraseé los últimos párrafos— es declarar abiertamente las convicciones. Al inicio del curso hubo mucha resistencia. Un buen número de ustedes se mostraban en desacuerdo con algunos de los términos del material. Se les pidió que hicieran un ALTO SEXUAL, para que en una ESPERA EDIFICANTE pudieran reflexionar y hallar algún sentido de cambio positivo.

Los chicos me miraban fijamente.

—Por favor —continué—, quien haya experimentado ese cambio levante la mano y pase al frente para compartirnos su testimonio.

Se produjo un momento de tensión. Fui a la silla detrás de la mesa y me senté. Dhamar permaneció de pie junto a la puerta. Sabíamos que sería difícil para el primer voluntario, pero no para el resto... De pronto sucedió algo que me sorprendió. Uno de los jóvenes atléticos, el más agresivo, levantó la mano para participar. Dhamar le concedió la palabra. Aún cruzó por mi mente la idea de que pudiera tratar de boicotear el cierre del curso, pero al verlo caminar hacia el frente tan nervioso y descompuesto me sentí tranquilo y conmovido a la vez.

—Uno de los párrafos que más me impactó —comenzó con voz pausada— no aparece impreso en el material, pero lo mencionó la doctora Dhamar: *Dios perdona siempre, los hombres a veces, pero la naturaleza nunca*. Mi orgullo quedó destrozado cuando vi parada aquí, donde estoy, a Laura. Fue mi compañera en el bachillerato. Sentí una enorme pena por su tragedia y me di cuenta de que tal vez yo merecía más ocupar su lugar... —agachó la cara y se aclaró la garganta para continuar; todos escuchaban con gran interés—. Laura me gustaba mucho, pero nunca me correspondió. Me decepcioné tanto que comencé a jugar con el resto de las chicas. Me convertí en un engatusador. Aprendí a seducirlas. Salía con dos o tres a la vez. Empecé haciéndolo por despecho y terminé por gusto. El sexo proporciona una gran satisfacción momentánea, pero después necesitas más.

El joven se detuvo. Ana, la chica que salió del aula en aquella segunda sesión para darme las gracias con la mirada, se había ruborizado y permanecía rígida en su asiento. Varios lo percibimos.

—Yo... Al iniciar el curso intenté seducir a una muchacha de este salón que me atraía de forma especial. Agredí al profesor Efrén porque sentí que estaba echándome a perder mis planes... Traté de que cancelaran el curso... Pero él me dio dos opciones: desaparecer del aula y de la vida de ella para siempre o escuchar las sesiones y pedirle disculpas.

He asistido al curso, pero no le pedí disculpas a ella. Quiero hacerlo enfrente de ustedes, pues creo que de alguna forma mi ofensa fue pública... Todos conocían el plan.

Hubo risas. Movimientos de inquietud. La joven ruborizada se puso casi de color marrón. Se encogió en la silla como estatua de barro.

—Anita, perdóname... —continuó el joven—. Sé que nunca has tenido relaciones sexuales y luchas por mantenerte así hasta el matrimonio. Me lo dijiste varias veces y se volvió un capricho para mí hacerte cambiar de opinión. Perdóname, repito. Otra frase que me impactó fue la que explica que los hombres en realidad sólo podemos amar con intensidad a las chicas que se dan a respetar, a las que ceden sólo las usamos... Creo que, después de todo lo que hemos escuchado, no merece la pena seguir fingiendo. Te respeto y te valoro. Si puedes concederme otra oportunidad... quisiera ser tu amigo.

Ella no se movió. Alguien comenzó un aplauso. El resto lo imitó.

A partir de ese momento el ambiente en el aula se volvió fraternal. Todos querían participar. El arrebato contagió hasta a los más callados. El joven regresó a su asiento.

Dhamar le concedió la palabra a Citlalli. Mi actitud se transformó de inmediato: de profesor entusiasta a padre ansioso. Pocas veces había visto a mi hija hablar en público. Todos la veían con interés.

—Papá, mamá —comenzó—, quiero darles las gracias. Yo he sido testigo de cómo han sacrificado muchas cosas por estar aquí. Los he visto estudiar y trabajar hasta altas horas de la noche, los he visto discutir, presionados por la enorme tensión, los he visto meterse en problemas e intentar ayudar a cada compañero —se le quebró la voz—. Gracias. Me siento muy orgullosa y quiero expresarles que sería una mala hija si no practicara cada concepto del curso. Los temas me ayudaron a no caer en una relación destructiva con mi novio. Sufrí mucho cuando me dejó, cuando apareció y trató de abusar de mí, cuando rechacé sus promesas de cambio. Estoy superando la decepción y he comenzado a sentir paz... Uno de los párrafos que más me impresionó fue el que dice que es rasgo de madurez muy claro TERMINAR las relaciones amorosas destructivas por el simple hecho de que son destructivas y no porque exista otro romance en puertas... Estoy aprendiendo a amar la soledad...

Papá, mamá, los quiero con toda el alma. Sé que lo saben, pero necesitaba decirlo aquí.

Quise abrazarla, pero me contuve. Aplaudí cuando todos lo hicieron. Dhamar se limpió un par de lágrimas y aplaudió también. Citlalli tomó asiento. Ana pasó al frente. Su testimonio fue corto:

—Siempre me he sentido como extraterrestre, en un ambiente en el que la mayoría tiene relaciones sexuales. Llegué a la conclusión de que era yo quien estaba mal —se dirigió al joven atlético de frente—. No te faltaba mucho para conseguir tu propósito.

—¡Maldición! —contestó el muchacho desde su asiento en un tono de broma y enfado exagerado. Todos rieron.

—Ahora todo es distinto —continuó sin poder evitar también una sonrisa—, me siento bien conmigo misma y, sobre todo, percibo una unión sincera con todos mis compañeros. Somos ahora como una familia. ¿Sabes? —se dirigió de nuevo a su musculoso pretendiente—, yo también te respeto, te valoro y por supuesto quiero ser tu amiga.

Los aplausos sonaron mucho más exaltados. Se oyeron gritos de pasión, silbidos y uno que otro coro de "beso, beso"; pero pronto los jóvenes guardaron silencio para escuchar a otro compañero especialmente reservado que se paró al frente.

—Mi padre no vive con nosotros —comentó en voz baja—, pero en ocasiones me invita a salir —el mutismo se hizo total, pues era extraño escuchar hablar a ese joven—. Desde niño me llevaba a centros nocturnos, asegurando que deseaba enseñarme a ser "hombre"... Él me pagó mi primera prostituta...

Hizo una larga pausa. Jugueteó con el bolígrafo que traía en la mano. Dhamar y yo cruzamos una mirada circunspecta. Jamás imaginamos que veríamos a estos enormes jóvenes reservados despojarse de la máscara frente a sus compañeros y hablar con el corazón. Era mucho más de lo que hubiéramos anhelado. Quizá el único fracaso del curso había sido Lucio.

—Mi padre me incitaba a que tuviera varias novias y me acostara con ellas —continuó el muchacho—, se enorgullecía de "su hijo" cada vez que le platicaba cómo me burlaba de una chica... Después del capítulo sobre libertinaje sexual caí en la cuenta de que tenía que detener eso. Hablé con él. Le expliqué que ya no deseaba acompañarlo a esos luga-

184

res. Que respetaba su manera de pensar, pero necesitaba que respetara la mía. Se enfureció. Me llamó "marica". Me agrada mucho el párrafo donde dice que el reto de la espera edificante también es para los hombres, que quienes respetan a la mujer y su sexualidad no son "maricones", como suelen decir los demás, sino verdaderos hombres de los que cada vez hay menos.

El joven se dirigió a su asiento. El aplauso que recibió fue menos efusivo, pero mucho más cálido.

Cuando Sonia levantó la mano para hablar, todos la miraron con gran expectación. Dhamar le concedió la palabra. La vimos pasar al escenario en una atmósfera de tensión creciente.

—Ustedes saben que yo aborté una vez —se detuvo como dudando si continuar o no; respiró un par de veces y se decidió—: Saben que tuve relaciones con varios chicos. Mi mayor problema era que la carga de culpa me aplastaba. No podía perdonarme. Me sentía sucia. Indigna. Cerrada a toda posibilidad de cambio. Hasta que escuché algo que me partió en dos... —recitó de memoria—: *"'Pero, ¿cómo puedes amarme, si he hecho tanto daño...' 'Cállate, ya no me acuerdo de eso.' Se quedó mirando fijamente y ahí seguía el mismo mensaje... TE AMO..."* No pueden imaginar lo que significó entender que, *a pesar de todo*, Dios me amaba. Saber que el Ser Supremo conoce mis debilidades y perdona todos mis errores del pasado fue como un choque eléctrico de alto voltaje —bajó la mirada y perdió un poco de aplomo—. Después de lo que le pasó a Magdalena, mi reputación se fue al suelo —prosiguió—. Cuando quitas la tapa de una cisterna puedes hallar agua limpia o, por el contrario, fetidez y ratas. Las personas que tenemos inmundicia en la cisterna siempre vivimos en pos de un objetivo: mantener la tapa bien cerrada... Mi cisterna quedó al descubierto. Estaba decidida a abandonar la escuela este semestre. Cerrar la tapa y cambiar de amigos. Ahora sé que de nada me sirve huir de ustedes porque no puedo huir de mí. Necesito limpiar mi cisterna... Dejaré la tapa abierta para limpiarla y que todos sean testigos de mi cambio... Sé que Dios me está dando una oportunidad. No lo defraudaré... No voy a defraudarme a mí misma. Les pido también una oportunidad... Quiero que lleguen a amarme y a admirarme por la pureza de mi corazón. Debo resanar y enyesar muchas marcas del pasado; sé que no será fácil, pero voy a hacerlo. No me rechacen, por favor...

A diferencia de los otros testimonios, el de Sonia no inspiró aplausos ni felicitaciones. Cuando iba camino de su asiento, Citlalli se puso de pie en el pasillo y la interceptó para darle un fuerte abrazo. Sentí un nudo en la garganta. Ana también la abrazó y después varios jóvenes hicieron lo mismo, en señal de aprecio y aceptación total.

—Hay un último punto del curso —mencioné en cuanto comenzaron a regresar a sus asientos—, la dinámica más importante... Saquen por favor la carta especial que escribieron de tarea.

Se escuchó un murmullo general y el movimiento de todos los chicos mientras buscaban el papel entre sus cosas.

—La tarea decía: *"Escribe una carta a la persona que será tu pareja definitiva que incluya lo que piensas y sientes sobre la sexualidad. Háblale de los anhelos e ideales que te gustaría convertir en realidad algún día con ella"*.

Esperé a que los estudiantes tuvieran sus cartas frente a sí para explicar el último punto del curso.

❑

6. DIGNIDAD ES PONER LLAVE AL QUINTO COFRE

01. Antiguamente se creía que una membranilla como el himen representaba el quinto cofre lleno de riquezas. Hoy se sabe que eso es una idea absurda, pues con la pornografía, las orgías, la masturbación vicio, las desviaciones, la sodomía y otras prácticas se puede ensuciar el cofre sin perder el himen.

02. La verdadera dignidad sexual se encuentra en el respeto propio, el equilibrio, el testimonio y el cuidado de las zonas íntimas.

03. Cerrar el quinto cofre y custodiarlo es un acto de responsabilidad y madurez sexual.

04. Es conveniente, al hacerlo, escribir una nota para la persona que algún día tendrá acceso a ese quinto cofre.

❑

Les pedí a los jóvenes que escribieran la siguiente nota en alguna parte de su carta especial, que la doblaran y la guardaran muy bien.

Cuando llegara el día de adquirir un compromiso matrimonial con su pareja definitiva, debían sacar la carta y dársela como un símbolo de la llave de su quinto cofre.

❑

"Hoy he decidido guardar mi sexualidad para ti. Te respeto y me respeto. Concibo el sexo como algo grande y hermoso. Eres la persona que esperé durante toda la vida. Mereces lo mejor de mí, cosas que no he compartido con nadie: mis secretos, mis anhelos, mis recuerdos más profundos, mi cuerpo y mi espíritu al desnudo... He decidido entregarte todo. No quiero reservarme nada. Esta carta es más valiosa que el propio anillo de compromiso. Es nuestra. Es secreta. Representa la llave de mi intimidad. Algo exclusivo para compartir contigo, la muestra fehaciente de mi amor por ti."

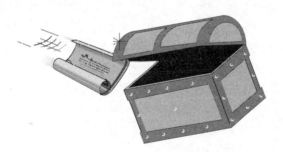

Esa noche telefoneamos a mi padre y hablamos con él por más de una hora. Le explicamos lo que había ocurrido durante el curso. Quería saber cada detalle. Primero Citlalli le relató el drama de Lucio y la directora, luego Dhamar le describió los testimonios de la última sesión y finalmente yo le di las gracias por su invaluable apoyo.

Muchas cosas cambiaron en la universidad los días siguientes.

No encontraron pistas que inculparan a la doctora Escandón y a Lucio como cómplices del asesinato de Magdalena, pero los acusaron de encubrir al homicida. Les impusieron una fuerte fianza. La universidad, por conveniencia propia, los ayudó a salir.

El nuevo rector de la facultad de medicina resultó ser amigo de Dhamar. Cuando aquel curso terminó, los alumnos se encargaron de correr la voz y, a las pocas semanas, nos habíamos comprometido con el nuevo rector a dictar varios cursos más.

Sin embargo, la demanda no cesó. Los grupos siguieron creciendo y llegó el momento en que Dhamar y yo nos vimos precisados a impartir sólo conferencias masivas. Viajábamos constantemente dando pláticas, pero la cantidad de solicitudes era mucho mayor de lo que podíamos atender. Eso era grave, pues, por más gratificante que resultara un evento magno, se convertía sólo en una tarde de reflexión.

Un día nos retiramos de un enorme centro de convenciones con la sensación de que la semilla sembrada no germinaría a menos que otras personas continuaran el trabajo de seguimiento.

En cuanto tuvimos un fin de semana libre, fuimos a ver a mi padre para pedirle su opinión.

—Publiquen el curso —nos dijo—, de esa forma pondrán al alcance de muchas personas lo que hasta ahora ha sido privilegio de muy pocas.

—Pero, ¡es nuestro gran tesoro! —protestó Dhamar—. Tú lo escribiste. Tiene tus "derechos de autor", no sería justo que cayera en manos de personas que no supieran valorarlo.

—Yo soy un anciano. Sería una gran satisfacción para mí morir con la conciencia de que algunos de mis escritos se difundieron y ayudaron a las personas. Por mí, les cedo mis derechos.

—Pero, papá —insistió Dhamar—, ¿no habrá otra forma de optimizar la ayuda sin abaratar un material que vale oro?

—No lo creo. Deben difundirlo, ponerlo al alcance de maestros, padres, líderes y, sobre todo, jóvenes... Ustedes están muy atareados con tantos compromisos, se han vuelto muy populares, ahora sólo dictan conferencias, ya no tienen tiempo de impartir el curso completo. ¡Pasen la estafeta! Para ayudar verdaderamente a la sociedad no se necesita ser un escritor ni un conferencista famoso, sino una persona con el don de servicio y enseñanza, amar a los jóvenes, convocarlos en pequeños grupos, que cada uno de los muchachos tenga el material, y comenzar a trabajar.

Moví la cabeza negativamente. No estaba muy convencido.

Escuché las risas de Citlalli, que en compañía de su novio, un extraordinario muchacho, pasante de la carrera de veterinaria, montaba a la yegua alazana.

—Sin embargo —rebatí—, si publicamos los temas en un libro, los párrafos leídos superficialmente serían poco útiles. Sólo si se estudiaran en forma de curso, respaldados por la metodología de preguntas y tareas, se convertirían en valores fundamentales que transformarían vidas.

—Así es —coincidió Dhamar—. ¿Cómo hacer que la gente, además de leer el libro, lo estudie?

—Bueno, deben confiar en que algunos lo harán. Seguramente varios voluntarios profesionales captarán todos los secretos y trucos pedagógicos que ustedes usan y se encargarán de propagar la semilla.

—No sé —dudé, mientras me rascaba la frente—. Voy a pensarlo.

Miré a Dhamar. Su rostro reflejaba una chispa de esperanza que me inspiró paz.

Salimos de la cabaña para montar a caballo con nuestra hija y su novio.

Un año después, le envié a mi padre el primer manuscrito del libro terminado. Escribirlo fue como donar al mundo un pedazo de nuestra alma. Al principio doloroso, pero muy gratificante después.

Como quien planta un nogal, tal vez Dhamar y yo no veríamos el fruto jamás, pero la semilla estaba sembrada.

Esta obra se terminó de imprimir en junio de 1999
en los talleres de Imprentor, S. A. de C. V.

**LA EDICIÓN CONSTA DE
CINCUENTA MIL EJEMPLARES**